기도하고 일하라

기도하고 일하라

저자 원용일

초판 1쇄 발행 2019. 7. 3.

발행처 도서출판 브니엘
발행인 권혁선

등록번호 서울 제2006-50호
등록일자 2006. 9. 11.

서울특별시 송파구 백제고분로28길 25 B101호 (05590)
마케팅부 02)421-3436
편집부 02)421-3487
팩시밀리 02)421-3438

ISBN 979-11-86092-96-5 03230

독자의견 02)421-3487
이메일 editorkhs@empal.com

북카페 주소 cafe.naver.com/penielpub.cafe
페이스북 www.facebook.com/penielbooks
인스타그램 @peniel_books

도서출판 브니엘은 독자들의 책에 관한 아이디어나 원고를 설레는 마음으로 기다리고 있습니다. 책으로 엮기를 원하는 아이디어가 있으신 분은 위의 이메일로 간단한 개요와 취지, 연락처 등을 보내주십시오. 머뭇거리지 말고 문을 두드리세요. 길이 열립니다.

도서출판 브니엘은 갓구운 빵처럼 항상 신선한 책만을 고집합니다.

오늘,
일터에서
기도하며
일한다

기도하고
일하라

원용일 | 직장사역연구소 소장

| **프롤로그** | 기도가 일이고 일이 곧 기도다!

20여 년 전에 내가 냈던 책 「신세대 목사의 왕초보 육아일기」를 보니 일상 속에서 기도를 배운 기록이 있다. 두 돌 무렵의 아들이 굴삭기(포클레인)를 좋아했다. 당시 공사를 많이 하던 계획도시 안산에 살았기에 길을 가다가도 굴삭기가 작업하는 곳에 서서 지켜봐야 하는 때가 잦았다. 녀석이 조그만 손으로 굴삭기 삽질을 따라하면서 '윙~' 하고 한 바퀴 도는 모습을 보면 정말 예뻐 죽을 지경이었다.

어느 날 저녁에 아들이 그림책과 가위를 내 앞으로 가져오더니 굴삭기가 그려진 면을 펼치고 손가락으로 가리키며 말했다.

"오려, 오려!"

'이걸 어떻게 설명한다지?'

난감한 나를 대신해서 아내가 손짓해가며 열심히 설명했다.

"대한아, 이건 책이라서 오리면 안 돼. 오려도 진짜 포클레인이 되는 건 아냐. 오려도 그림으로 보는 거나 마찬가지야. 대한이 조금만 지나면 생일이지? 그때 아빠가 포클레인 사주신다고 했잖아. 지금은 그냥 그림으로 보기만 해. 우리 대한이 착하지! 엄마 말 잘 듣네."

알아듣기는 다 알아들었다. 녀석이 그림책과 가위를 내려놓았다. 그런데 눈에서 눈물이 뚝뚝 떨어졌다. 울음소리도 안 나게 입을 다물고 서럽게 울었다. 녀석은 포클레인이 그렇게도 가지고 싶어서 우는 것이었다. 생일에 사 주겠다는 엄마의 말을 다 알아듣고는 그냥 생떼를 쓰는 것이 아닌 속울음을 울고 있었다.

무거운 마음으로 아들을 안아 달래면서 이런 생각이 들었다.

'아, 이게 바로 기도구나! 철없는 어린 것이 이렇게 좋아하는 포클레인을 가지고 싶어 하는데 안 들어주면 애비가 아니다!'

그래서 생일보다 2주일이나 먼저 포클레인을 사주었다. 그것도 신제품 '뉴포크'로.

이후에도 아이들을 통해 기도를 배우고 일하고 살아가며 기도에 대해 알아갔다. 세상에서 살아가는 그리스도인이 산속 기도원에서만 기도를 잘하면 바람직한 신앙을 가졌다고 말할 수 없다. 삶 속의 기도가 필요하다. 특히 일하는 사람들은 일하면서 기도하는 일이 중요하다.

사막 교부들에 대한 이런 이야기가 전해온다.

'기도하는 자들'이라 불리는 수도사들이 엔나톤의 원로수도사 압바 루키오스를 찾아왔다. 루키오스가 그들에게 어떤 손노동을 하는지 묻자 그들은 대답했다.

"우리는 손노동을 하지 않습니다. 하지만 사도가 말한 대로 쉬지 않고 기도합니다."

그러자 압바 루키오스가 그들에게 "그럼, 그대들이 먹을 때 누가 그대들을 위해 기도하고, 잠을 잘 때는 누가 그대들을 위해 기도합니까?"라고 묻자, 그들은 대답할 바를 찾지 못했다. 압바 루키오스는 그들에게 자신의 예를 소개하며 이렇게 말했다.

"나는 손노동을 하면서도 쉬지 않고 기도합니다. 나는 하나님의 도우심으로 앉아서 얼마간의 빨마(종려나무) 잎을 물에 담그지요. 그러고는 이렇게 고백하면서 그것으로 줄을 꼰답니다. '하나님, 주님의 한결같은 사랑으로 내게 자비를 베풀어주십시오. 주님의 크신 긍휼을 베푸시어 내 반역죄를 없애주십시오.'"

압바 루키오스는 그들에게 "이건 기도가 아닌가?"라고 물었고, 수도사들은 "기도가 맞다"고 대답했다. 그러자 압바 루키오스가 말했다.

"온종일 일하면서 기도하면 작은 동전을 열여섯 개 정도 얻게 됩니다. 그러면 두 개는 문 앞에 놓고 나머지는 음식을 위해 사용하지요. 동전 두 개를 받은 자는 내가 먹을 때와 잘 때에 나를 위해 기도합니다. 그리하여 하나님의 은혜로 '쉬지 말고 기도하라'는 말씀이 내 안에서 이루어지는 것입니다."(두란노아카데미 편집부, 「사막 교부들의 금언집: 기독교고전총서 8」(서울: 두란노아카데미, 2011), 251-252쪽).

초기 수도사들에게 있어서 기도와 노동은 떨어져 있는 게 아니라 하나였다. 성 베네딕토(St. Benedictus, 480-547)는 서기 530년경 이탈리아의 몬테카시노에 수도원을 세우고 제자들과 함께 공동으로 수도생활을 시작한 후 수도원생활의 규율을 잡기 위한 규칙서를 만들었다. 이 〈베네딕토 규칙서〉는 베네딕토 수도회의 수도생활을 잘 보여준다. 베네딕토 수도회의 삶의 모토는 "기도하고 일하라"(ora et labora)로 요약할 수 있다. 베네딕토 수도회의 수도사들은 노동으로 공동체를 꾸려가고, 기도로 하나님과 만났다. '하나님의 일'이라고 표현하는 기도는 주로 공동기도인데, 아침과 낮, 밤에 하는 기도에 대한 상세한 규칙을 정해 실천했다. 기도 외에 거룩한 독서도 수도사의 일과에 포함되어 있었다.

수도회의 모토에도 드러나듯 기도 외에 중요하게 강조한 것이 바로 노동이었다. 이 노동은 단순히 일하는 것만이 아니었다. 일은 수도생활에서 탁월한 영적 가치를 지니는 행위라고 보았다. 〈베네딕토 규칙서〉 48장에서는 게으름은 영혼의 적으로,

형제들은 영성 깊은 독서와 더불어 육체노동을 위한 구체적인 시간을 배정해야 한다고 규정한다. 거룩한 독서와 기도에 대한 언급이 많지만 필요한 노동과 각자에게 맡겨진 일을 하라는 규정을 통해 구체적인 노동에 대해 밝혀주고 있다.

베네딕토 수도회의 노동은 교부와 사도들의 전통을 따라 수도사들의 자립과 생계유지에 도움을 주고, 진정한 수도사가 되는 소명이기도 했다(48장 8절). 또한 노동은 가난한 사람들이나 형제에 대한 사랑과 봉사였다(4장 26절). 아울러 수도사는 노동을 통해 하나님에게 영광을 돌려야 했다. 베네딕토는 '수도원의 장인(匠人)들'을 언급하면서 범사에 하나님이 영광받으시게 일해야 한다고(벧전 4:11) 강조했다(57장 9절).

베네딕토 수도회의 모토인 '기도하고 일하라'(ora et labora)가 규칙서에 나오지는 않지만 이 두 가지는 늘 하나처럼 이해되었다. 하나님에게 일생을 헌신하며 하나님과 일치하기를 바라고 살아가는 수도사들에게는 일이 곧 기도이고, 기도가 곧 일이었다. 기도하고 말씀을 읽어 하나님의 뜻을 깨달아야 했고, 또한 손과 발로 영적 가치를 추구하는 일을 하면서 하나님의 뜻과 일치하는 삶을 추구했다.

베네딕토 수도회의 유명한 모토를 제목으로 삼은 이 책은 성경 속에서 일하는 사람들의 기도를 다루고 있다. 그들은 기도하면서 일하고, 일하면서 기도하는 사람들이었다. 일하며 기도하는 사람들은 기도를 통해 소명을 발견했다. 또한 위기가 닥쳐와도 기도로 돌파해내는 사람들이었다. 하나님이 주신 사명을 기도로 감당하는 사람들이었다.

이 책의 1부에서는 기도로 소명을 발견한 사람들을 다루었다. 하나님이 주신 비전을 추구한 솔로몬의 소명기도는 언제 봐도 멋진 기도문이다. 솔로몬은 왕이 된 자신을 겸손하게 낮추면서 택하신 백성들에게 리더십을 발휘할 수 있는 하나님의 은혜를 구했다. 하나님을 만족시킨 솔로몬의 기도는 백성들을 제대로 재판할 '듣는 마음'을 달라는 멋진 기도였다(왕상 3:7-9). 브니엘에서 하나님에게 레슬링 기도를 하며 결국 하나님의 얼굴을 본 야곱은 하나님을 만나는 우리의 기본적인 부르심에 대해 가르쳐준다. 평생 전쟁하면서 전략전술 코칭기도를 통해 하나님의 구체적인 인도하심을 체험했던 다윗도 기도로 인생의 방향을 잡아나가야 할 우리의 소명에 대해 잘 가르쳐준다. 사람들의 눈을 열고 어둡게 하는 기도를 통해 원수 사랑을 실천한 엘리사의 기도도 우리 인생의 소명을 점검하게 해준다.

2부에서는 기도로 위기를 돌파한 사람들을 다루었다. 일하면서 겪는 위기의 순간에 일하는 사람들은 문제를 해결하는 방법을 아는 사람들이었다. 기도로 문제를 돌파해내는 사람들이었다. 바벨론의 침입으로 풍전등화와 같은 국가적 재난을 겪었던 히스기야 왕은 하나님을 모욕하는 적의 편지를 하나님 앞에 증거로 제시하며 간절히 기도하여 전화위복의 은혜를 얻었다. 위기 앞에 몰입해서 기도할 때 히스기야처럼 응답을 받기도 하지만 육체의 가시를 제거해달라고 기도했던 바울처럼 거절된 응답도 은혜이다. 불임으로 인해 간절하게 매달렸던 한나의 기도가 특히 인상적인 것은 기도한 후 실행했다는 점이다. 한나는 기도하고 일하는 모범을 보여주었다. 삼손도 위기의 순간에 죽기 살기로 기도하는 모습을 보여주었으나 그런 긴급한 기도만 한 것은 뭔가 아쉬웠다. 삼손이 놓친 일상의 기도에 대해 배울 수 있다. 사무엘은 백성들이 왕을 원하는 상황에서 마음에 들지 않았지만 억지로 기도하는 기도의 모범을 보여주었다. 마음에 내키지 않아도 우리는 기도할 수 있어야 한다.

3부에서는 기도로 사명을 감당한 사람들을 다루었다. 막막한 인생길의 비유로 적합한 광야에서 길을 찾기 위해 기도한 모세에게서 배울 수 있다. 광야의 일상을 가능하게 했던 출퇴근 기도와 불평 대신 하나님에게 기도하는 위기 탈출의 기도, 말씀의 유산을 남기는 기도를 배울 수 있다. 이방 왕국의 궁궐에서 일하던 선지자 다니엘의 목숨을 건 기도도 배울 수 있다. 사생결단의 기도를 통해 다니엘은 그의 일터에서 일터선교사의 사명을 다했다. 온갖 위협과 고난 속에서도 기도하고 일하며 예루살렘 성벽을 재건하고, 결국 하나님의 나라를 세운 느헤미야의 화살기도를 배울 수 있다. 그리고 기도를 통해 제자가 되어갔고,

험난한 제자의 길을 기도하며 용기 있게 걸어간 베드로에게 우리는 사명자의 기도생활을 배울 수 있다.

서점에서 관심을 가지고 본 사람들은 잘 알겠지만 그간 출간된 기도에 대한 책은 참으로 많기도 하다. 그러나 기도 책 더미 속에서도 직장인의 관점으로 성경의 사람들을 바라보는 기도 책을 써야겠다는 부담이 오래 전부터 있었는데, 긴 집필과정을 이제야 마쳤다. 일하는 사람들의 기도에 응답하신 하나님께 감사드린다.

이 책은 일터에서 기도하며 하나님의 나라를 세워가는 모든 크리스천 직장인과 더불어 다니엘처럼 공무원이 되기를 바라며 노력하여 시험에 합격한 아들에게 주고 싶다. 기도에 대해 아버지인 나를 가르쳐준 아들 원대한이 "기도하기 위해 손을 모으는 행위야말로 무질서한 세상을 바로잡기 위한 출발점이다"라는 칼 바르트의 말을 실천하는 멋진 기도자가 되기를 기도한다.

글쓴이 원용일

C·O·N·T·E·N·T·S
차 례

프롤로그 : 기도가 일이고 일이 곧 기도다! _ 004

Part 1. 기도로 소명을 발견한 사람들

01. 기도하며 발견한 소명을 일평생 추구하라
: 솔로몬의 소명기도 _ 017

02. 응답하실 때까지 매달려 하나님의 얼굴을 보라
: 야곱의 레슬링기도 _ 038

03. 때마다 일마다 기도하여 하나님의 인도를 체험하라
: 다윗의 전략전술 코칭기도 _ 056

04. 배려하고 용서하며 기도로 윈윈전략을 실천하라
: 엘리사의 눈을 열고 어둡게 하는 기도 _ 076

Part 2. 기도로 위기를 돌파한 사람들

05. 몰입하는 기도로 전화위복의 은혜를 얻으라
: 히스기야의 증거제시기도 _ 099

06. 마음을 쏟아놓으라! 행동하여 기도를 이루라!
: 한나의 실행기도 _ 118

07. 목숨을 거는 기도보다 중요한 일상의 기도를
: 삼손의 죽기살기기도 _ 139

08. 마음에 들지 않아도 기도하면 길을 열어주신다
: 사무엘의 억지로기도 _ 160

Part 3. 기도로 사명을 감당한 사람들

09. 광야 인생에서 길을 찾기 위해 기도하라
    : 모세의 광야기도 _ 179

10. 목숨 걸고 기도하여 일터선교사의 사명을 다하다
    : 다니엘의 사생결단기도 _ 200

11. 기도하고 일하여 하나님 나라를 굳건히 세우라
    : 느헤미야의 화살기도 _ 219

12. 험난한 사명자의 길, 기도하며 용기 있게 걸어가라
    : 베드로의 제자가 되어가는 기도 _ 245

P·A·R·T·1

기도로 소명을
발견한 사람들

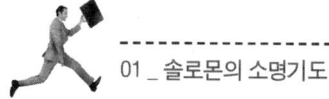

01 _ 솔로몬의 소명기도

기도하며 발견한 소명을 일평생 추구하라

많은 사람들이 살아가며 추구하는 것이 무엇일까? 사람들이 자신의 인생 비전을 거창하게 말하지는 않아도 뭔가 추구하며 살아간다는 것은 알 수 있다. 아버지 다윗의 뒤를 이어 왕이 된 솔로몬의 꿈속 대화에서 하나님은 사람들이 추구하는 인생의 목표를 말씀해주셨다. "장수하고 돈 많이 벌고 원수의 생명 멸하는 것"(왕상 3:11)이다. 사람들은 건강하게 오래 살며, 노후까지 충분히 준비할 정도로 돈을 많이 벌고, 라이벌을 따돌려서 지위와 명예를 얻어 이름도 알리면서 살고 싶은 욕망을 가지고 있다. 이것이 많은 사람들이 나름대로 추구하는 인생의 목표가 아니겠는가?

그러면 우리 크리스천들은 어떤 가치를 추구하고 사는가? 우리에게는 세상 사람들의 비전이나 인생 목표와 남다른 무엇이 있는가? 그것이 바로 소명, 즉 하나님의 부르심이다. 솔로몬은 왕이 된 후 기브온 산당에서 일천 마리의 짐승을 잡아 하나님께 번제를 드린 후에 꿈속에서 이런 대화를 했다. 그런데 하나님은 솔로몬에게서 세상 사람들과는 남다른 가치 하나를 발견하셨다. 백성들을 재판할 때 바른 판결을 할 수 있는 지혜를 구한 것이 하나님의 마음을 흡족하게 했다(왕상 3:10-12). 과연 어떤 기도였기에 하나님의 마음을 흡족하게 했는지, 지금부터 솔로몬의 소명기도를 차근차근 확인해보자.

인생의 소명에 대한
구체적이고 완벽한 기도

"나의 하나님 여호와여 주께서 종으로 종의 아버지 다윗을 대신하여 왕이 되게 하셨사오나 종은 작은 아이라 출입할 줄을 알지 못하고 주께서 택하신 백성 가운데 있나이다. 그들은 큰 백성이라 수효가 많아서 셀 수도 없고 기록할 수도 없사오니 누가 주의 이 많은 백성을 재판할 수 있사오리이까.

듣는 마음을 종에게 주사 주의 백성을 재판하여 선악을 분별하게 하옵소서"(왕상 3:7-9).

솔로몬은 아버지 다윗 왕의 뒤를 이어 이스라엘의 왕이 된 후 무언가 부족함을 느끼고 헌신의 의미로 하나님께 일천번제를 드렸다. 하나님께 간절히 구하는 것이 있었다. 꿈에 나타나신 하나님이 무엇을 구하는지 물으셨고, 솔로몬은 대답했다. "하나님께서 부족한 종을 왕이 되게 하셨는데 종은 작은 아이에 불과합니다. 그런데 주의 백성들은 수효가 많아서 셀 수가 없을 정도이니 그들을 재판하고 이끌어줄 지혜를 종에게 주소서." 이 기도는 어떤 것인가? 직업인의 관점으로 보면 바로 '자기계발의 기도'가 아닌가? 물론 인생의 전략인 자기계발만 담겨 있는 것이 아니라 그의 인생의 큰 그림인 비전과 미션에 대한 진술도 있다. 성경에서 이보다 완벽한 비전과 소명에 대한 기도를 본 적이 없다. 이것이 바로 솔로몬의 소명기도이다.

우리가 우선 주목할 점은 솔로몬이 자기가 해야 할 일을 하기에 앞서서 그 일을 어떻게 할 것인지에 대한 고민이 있었다는 점이다. 그저 왕이 되었으니 왕으로 일하면 되는 것이 아니었다. 자기의 일을 어떻게 잘할 것인지 고민하면서 하나님께 기도하고 있다는 점이 중요하다. 오늘 우리도 바로 이런 지혜를 구해야 한다. 미래를 내다보면서, 우리 시대의 흐름을 파악하면서 과연 어떻게 일해야 할까, 무엇을 해야 하나님이 기뻐하시는 직업인이 될까, 어떻게 세상에 유익이 되며 하나님의 나라를 제대로 세울 수 있을까 고민해야 한다.

우리는 세상 사람들이 하는 대로 행동해서는 안 된다. 하나님을 모르는 일터의 동료들이 추구하는 목표에 휘둘리지 않도록 조심해야 한다. 세상 사람들은 너무도 뻔뻔하게 돈을 많이 벌고 자기 행복을 추구하겠다고 말하며 행동한다. 복수를 꿈꾸고 실행하는 일도 자연스럽다. 그저 눈에 보이는 대로, 남들이 하는 대로 하지 않겠다고 결심할 수 있어야 한다.

솔로몬은 자신의 비전과 사명을 분명하게 인식하고 있었다. 왕으로서 자기가 해야 할 일이 무엇인지 잘 알고 있었고, 그 일을 위해 지혜가 필요하다는 사실을 깨달았다. 이런 기특한 기도를 한 솔로몬에게 하나님이 귀한 인생의 자원들을 선물로 주셨다. 하나님이 기뻐하셨다는 것이다. 아마도 솔로몬은 이 기도를 평생 한 번 기브온 산당에서만 하지 않았을 것이다. 양피지 두루마리에 써서 집무실에 붙여놓고 늘 숙지한 평생의 기도제목이 아닐까 생각해본다.

자, 이제 솔로몬의 소명기도에 어떤 내용이 담겨 있는지 차분히 살펴보자. 우리 크리스천들의 비전(Vision)은 분명하고 하나이다. 하나님의 나라를 위해 자신의 직업분야에서 일하는 것이다. 물론 직업을 가진 사람에게만 해당되는 일은 아니다. 직업이 비전이지만 비전이 직업만은 아니다. 보다 포괄적인 개념이 바로 소명이다. 평생에 걸쳐 하나님의 나라를 세우는 일을 하는 것이 바로 우리의 비전이다. 전업주부나 학생, 은퇴자도 넓은 의미에서 일하는 사람이기에 이 비전과 소명을 세우는 일에 예외가 될 수는 없다. 실업자도 직업을 찾는 일을 해야 한다는 의미에서(Unemployed worker) 역시 소명과 비전을 추구하는 사람들이다. 하나님 나라의 확장을 위해 직업을 통해 일하는 것 자체가 우리의 비전이고, 삶을 통해서나 입을 열어 전도하는 일 또한 우리의 비전이다. 이런 비전은 한 문장으로 만들어 볼 필요가 있다. 어떤 분야에서 하나님의 나라를 확장하면서 살아갈 것인지 적어보는 것이다.

솔로몬이 그 비전을 잘 표현해주고 있다. "나의 하나님 여호와여 주께서 종으로 종의 아버지 다윗을 대신하여 왕이 되게 하셨사오나"(왕상 3:7)라는 고백 속에서 솔로몬이 인식하고 있는 이스라엘의 '왕'이라는 확고한 비전을 볼 수 있다. 아버지 다윗 왕의 뒤를 이어 이스라엘의 왕이 된 솔로몬은 자신이 평생 이루어야 할 비전이 무엇인지 잘 알았다. 그의 이름대로 하나님의 왕국과 세상에 '샬롬'을 선포하는 비전을 이루어야 함을 깨닫고 있었다. 하나님의 통치를 이스라엘과 세상을 향해 드러내며, 이스라엘 백성들을 보호하고 부양하는 일이 솔로몬 왕에게 주어진 비전이자 소명이었다.

물론 솔로몬은 아버지 다윗이 왕이었기에 왕의 지위를 세습했다는 점에서 비전과 소명을 찾는 과정을 치열하게 겪어야 하는 우리와는 차이가 난다. 솔로몬이 비전을 분명하게 찾은 경우와 비전을 찾아가야 하는 오늘 우리의 차이점에 대해서는 뒤에서 구체적으로 살펴보도록 하고, 우선 솔로몬의 기도 속에 담긴 인생 소명의 요소들을 추가적으로 살펴보자.

우리는 비전에 근거해서 단기적인 목표들을 이루어가야 하는데, 이 목표들이 바로 미션(Mission)이다. 솔로몬의 경우에는 왕이 되어 백성들을 다스리는 일, 구체적으로 백성들을 재판하는 일이 바로 그의 미션이었다(왕상 3:8-9). 왕으로서 하는 일이 재판만은 아니었으나 중요한 왕의 업무였고, 이렇게 백성들에게 리더십을 행사하는 일이 솔로몬에게 주어졌다.

오늘 우리도 비전을 이루기 위해 추구하는 구체적인 인생의 단계들이 바로 미션이라고 할 수 있다. 학업을 계속하다가 대학에서 전공을 선택하거나 졸업 후 직업과 직장의 선택, 결혼, 이직, 창업, 은퇴 등과 같은 일들이 바로 우리 인생에서 중요한 미션들이다. 직업을 선택하고 가정을 이루어야 하는 젊은이들에게 집중된 단계이지만 청년의 시기 이후에도 겪어내야 하는 중요한 미션들이 여전히 있다. 요즘에는 직업을 가지고 30여 년 동안 일한 후 은퇴해도 이른바 제3의 인생이 30년쯤은 남아 있다. 그래서 나이가 들어도 중요한 선택을 해야만 하는 상황이 되었다.

이 구체적인 미션을 이루기 위해서 필요한 것이 구체적인 전략(Strategy)이다. 솔로몬은 자신의 미션을 이루기 위해 필요한 전략이 무엇인지 잘 알고 있었다. 수많은 백성들을 재판하고 이끌기 위해 경청하는 지혜가 필요함을 알고 있었다. 그래서 "듣는 마음을 종에게 주사 주의 백성을 재판하여 선악을 분별하게 하옵소서"(왕상 3:9)라고 기도했다. 무엇보다 솔로몬은 자신의 연약함을 알고 있었기에 겸손하게 자신의 부족함을 하나님께 고백했다. "종은 작은 아이라 출입할 줄을 알지 못하고"(왕상 3:7). 솔로몬이 이렇게 기도한 것은 하나님 앞에서 자신을 정말 겸손하게 낮춘 것이다. 자신의 부족과 연약함을 '4중적 겸손'으로 표현하면서 하나님께 기도하고 있다.

우리에게 있어서 전략은 자기계발 과목이기도 한데, 단기적 목표인 미션을 이루기 위한 모든 노력이 전략이라고 할 수 있다. 입학이나 취업을 위해서는 공부와 취업준비를 해야 하는 구체적인 노력이다. 이런 전략이 바뀔 수 있는 것은 당연하다. 시간이 흘러도 인생의 전략이 바뀌지 않는다면 자신을 잘 살펴봐야 한다. 5년 전의 전략과 올해 나의 전략이 같다면 5년 동안 성장하지 못했다는 뜻이기도 하다. 우리는 흔히 전략만을 염두에 두고 살아간다. 그래서 연초만 되면 계획 세우기에 바쁜데, 사실 전략은 비전과 미션이 분명히 정립된 후에야 충분한 의미를 갖는다. 수시로 우리 인생의 비전을 확인하고, 미션을 수정하면서 전략을 변경하고 점검할 수 있어야 한다.

솔로몬은 자신의 인생 소명에 관해서 겸손과 더불어 확고한 기준을 가지고 명확하게 기도했다. 하나님께 자신의 비전과 미션, 전략이 담긴 기도를 드렸다. 이런 기도를 어떻게 하나님이 응답하시지 않을 수 있었겠는가! 솔로몬의 이런 기도가 하나님의 마음에 쏙 들었다고 한다(왕상 3:10). 하나님이 솔로몬의 기도를 기뻐하셔서 솔로몬이 구한 지혜를 주셨다. "내가 네 말대로 하여 네게 지혜롭고 총명한 마음을 주노니 네 앞에도 너와 같은 자가 없었거니와 네 뒤에도 너와 같은 자가 일어남이 없으리라"(왕상 3:12). 송사를 듣고 분별하는 지혜를 주셨는데, 그야말로 전무후무한 지혜자가 되게 해주겠다고 약속하셨다. 또한 하나님은 솔로몬이 구하지 않은 부귀와 영광도 어떤 왕들과 비교할 수 없을 정도로 주겠다고 약속하셨다. 아버지 다윗 왕과 같이 하나님의 말씀을 따라 행하면 장수의 축복도 주겠다고 약속하셨다(왕상 3:13-14).

응답받아 지혜롭게 일하여
소명기도를 성취해가는 솔로몬

기브온 산당에서 멋진 기도를 통해 하나님의 부

르심에 응답했던 솔로몬은 과연 그 기도를 어떻게 성취해가는가? 솔로몬이 지혜를 구한 후 바로 등장하는 솔로몬의 재판에 대한 기록을 통해 확인할 수 있다(왕상 3:16-28). 하나님이 주신 솔로몬의 지혜는 곧 시험대에 올랐다. 왕이 된 지 그리 오래지 않아서 중요한 송사가 생겼다. '솔로몬의 재판'이라고 잘 알려진 사건이었다. 비슷한 시기에 아이를 낳았던 창기 두 여인이 서로 살아 있는 아이가 자기의 아이고, 죽은 아이는 상대방의 아이라고 다툰 소송사건이었다. 이 재판을 사람들은 지켜보고 있었다. 요즘 같으면 "뭐가 문제냐? 유전자 검사해봐"라고 하면서 한마디로 재판을 끝낼 수 있었을 것이다. 그런데 솔로몬은 어떻게 산 아이의 진짜 엄마를 판단할 수 있었는가?

여기서 솔로몬은 그 사람들이 별로 유력한 신분을 가진 사람들이 아니라는 이유로 그냥 알아서 하라고 외면하면 안 되었다. 사람들이 주목하고 있었다. 또한 하나님은 이스라엘 백성들 한 사람 한 사람에게 깊은 사랑과 관심을 가지셨다. 왕위에 등극한 솔로몬이 하나님의 복으로 지혜를 얻었다는데, 소외된 계층의 사람들을 향해서 어떤 지혜로운 결정을 내려주는지 확인하면 하나님의 사랑의 속성이 분명하게 드러나는 것이었다. 따라서 솔로몬 왕에게 있어서 이 재판은 매우 중요했다.

우선 솔로몬은 재판정에 서 있는 그 두 여인이 서로 다투며 논쟁을 벌이는 일을 유심히 들었을 것이다. 증인도 없었으니 그 여인들의 진술을 듣고 파악해야 했다. 다른 방법이 없었다. 누군지 알 수는 없었지만 만약 한 여인의 아이가 죽었다면, 더구나 실수로 아이를 죽게 한 것에 대해 정상적인 모성을 가지고 있는 여인이었다면 당연히 슬펐어야 한다. 그 대신에 살아 있는 다른 아이를 훔쳐다가 자기 아이라고 그랬다면 모성(母性)이 없었기 때문이라고 솔로몬은 생각했을 것이다. 솔로몬이 이야기를 들으면서 여인들의 심리를 잘 파악했기에 누가 범인인지 알 수 있었을 것이다.

죽은 자기 아이를 바꿔친 매정한 여인은 말하는 본새가 달랐을 것이다. 제대로 된 인격을 가지고 있지 못했다. 나중에 솔로몬이 살아 있는 아이의 몸을 잘라 나누어 가지라고 판결할 때 순순히 그렇게 하자고 할 정도였으니 바로 그 여인이 범인이었다. 이런 판단을 솔로몬은 이미 재판심리를 통해 파악했다. 솔로몬이 이렇게 기도하지 않았는가! "듣는 마음을 종에게 주사 주의 백성을 재판하여 선악을 분별하게 하옵소서!"(왕상 3:9).

결국 솔로몬은 이렇게 잘 들으며 판단한 재판을 통해 진짜 어머니에게 제대로 양육받게 된 그 아이를 살렸고, 아이를 잃을 뻔한 어머니도 살렸다. 죗값을 치르고 사람답게 살아야 할 가짜 어머니도 살렸다. 그 재판을 지켜보던 백성들도 살려냈다. 솔로몬의 지혜로 많은 사람들이 살맛나게 되었다.

이런 놀라운 지혜를 발휘한 솔로몬 왕은 하나님이 약속하신

대로 큰 영화를 누렸다. 이스라엘의 인구와 영토, 주변 나라들의 조공, 하루의 식량, 병거와 마병 등에 대해 성경은 상세하게 기록해주고 있다(왕상 4:20-28). 특히 솔로몬의 지혜에 대해 동방 사람들의 지혜와 애굽 사람들의 지혜보다 뛰어나다고 평가하며, 천하 모든 왕이 솔로몬의 지혜를 들으러 왔다. 잠언 삼천 가지, 노래는 천다섯 편, 초목과 짐승과 새와 곤충과 물고기에 대한 솔로몬의 구체적이고 해박한 지혜에 대해서 기록해주고 있다(왕상 4:29-34).

그런데 솔로몬의 소명은 이렇게 지혜로 이루어낸 왕국의 번성으로 끝나는 것이 아니었다. 아버지의 비전을 계승해서 성전 건축을 하는 과정이 그의 비전 성취의 과정을 잘 보여준다. 솔로몬의 비전이 자신에게서 시작된 것이 아님은 성전 건축과 관련하여 남긴 다윗의 유언을 통해서도 확인할 수 있다. 하나님이 임재하시는 영광의 장소인 성전을 건축하기 위해 다윗은 많은 준비를 했다. 성전을 지어 하나님께 영광을 돌리는 일이 그의 인생 비전의 성취라고 생각했다. 그러나 하나님은 다윗이 전쟁을 하느라 피를 많이 흘려서 성전을 건축하지 못할 것이라고 하셨다(대상 22:8).

사실 다윗은 하나님이 주신 비전을 성취하기 위해 숱한 전쟁을 하면서 이스라엘의 영토를 확정하고 하나님의 영광을 드러내는 일을 했는데, 바로 그 일 때문에 그렇게도 원하던 성전을 건축할 수 없었던 것이다. 하지만 다윗은 또한 하나님의 말씀에 수긍하고 성전을 건축하는 일은 아들 솔로몬의 몫으로 알고 계승의 미덕을 보여주었다. 다윗의 소명이 아들 솔로몬에게 전수되는 과정이 참 중요하다.

다윗은 인생을 마치기 전에 성전을 위해서 자신이 준비한 것이 무엇인지 이야기하며 아들 솔로몬에게 성전을 잘 지으라고 권면했다(대상 22:6-19). 우선 다윗이 성전의 건축을 위해 준비한 것은 재물이었다. 다윗은 금과 은과 놋과 철과 목재와 돌을 엄청나게 준비했다. 금 십만 달란트에 훨씬 많은 다른 재료를 준비했다. 또한 다윗은 성전을 짓기 위해서 필요한 각 분야의 장인, 즉 석수와 목수 등의 전문가들이 준비되었다고 말했다. 비전을 이루기 위해서는 능력이 필요하다. 많은 재료만 준비되어 있고 일할 능력이 없다면 제대로 성전을 건축할 수 없다. 세 번째는 사람이었다. 다윗은 문무백관들을 향해 솔로몬을 도우라고 말했다. 비전을 이루는 일은 혼자서 할 수 있는 일이 아니었다. 다윗에게 비전을 함께 이루어갔던 용사들이 있었던 것처럼(삼하 23:8-39) 솔로몬에게도 성전을 건축하며 이스라엘을 이끌어갈 사람들이 필요함을 강조했다.

이렇게 재물과 능력과 사람을 준비하여 마음과 뜻을 바쳐서 여호와 하나님께 구하라고 다윗은 솔로몬에게 당부했다. 우리의 인생을 어떻게 사느냐 하는 문제에서 이 명쾌한 정답만큼 단순하면서도 분명한 해답이 있을까? 하나님을 의지하는 일, 이것은 우리가 가진 돈과 능력과 인맥을 다 합한 것보다 더 중요한 일이다. 그 모든 자원을 다 갖추었어도 하나님을 의지하는 믿음이 없으면 제대로 성공하는 삶을 살지 못한다.

이렇게 전수된 아버지의 비전을 이루기 위해 솔로몬은 무척 애썼다. 솔로몬은 왕이 된 지 4년 되는 해에 성전의 기초를 쌓아 건축을 시작하여 7년 만에 성전 건축을 완성했다(왕상 6:1-38). 성전 건축을 완성한 후 솔로몬 왕은 언약궤를 다윗 성, 곧 시온에서 성전으로 메어 올리고 큰 제사를 드리면서 성전 낙성식을 거행했다(왕상 8장). 성전 낙성식에서 솔로몬은 연설하고 기도하고 축복하면서 하나님의 임재를 통한 영광의 선포와 하나님의 나라가 세상에 확장되는 비전의 성취를 입증했다.

다윗 왕이 소원을 가졌으나 아들인 자신에게 계승된 성전 건축의 비전이 드디어 성취되며 하나님의 영광이 드러나게 되었다고 솔로몬은 연설했다(왕상 8:12-21). 그리고 성전의 제단 앞에 서서 하늘을 향해 손을 펴고 하나님께 영광을 돌리면서 솔로몬은 기도했다. 이 기도의 주된 내용은 바로 하나님 임재의 장소인 성전을 향해 하나님의 백성들이 하는 간구를 들어달라는 내용이었다. 죄를 범한 자가 와서 성전에서 맹세할 때는 저주를 내려주시고, 의로운 자에게는 복을 달라고 기도했다. 적군에 패하거나 가뭄과 재앙, 질병 등으로 재난을 당할 때 백성들이 성전을 향해 하는 기도에 응답해달라고 간구했다. 또한 전쟁에 나가 싸우는 사람을 위해서나 포로로 잡혀갈 때 돌이켜 간구하는 기도를 들어달라고 기도했다.

훗날 바벨론에 포로로 잡혀가 예루살렘 성전을 향해 기도했던 다니엘은(단 6:10) 바로 이 솔로몬의 성전 낙성식 기도를 근거로 기도했다는 사실을 알 수 있다. 솔로몬 왕의 성전 낙성식 기도 중에 이런 부분이 있다.

> "그들이 사로잡혀 간 땅에서 스스로 깨닫고 그 사로잡은 자의 땅에서 돌이켜… 주께서 그들의 조상들에게 주신 땅 곧 주께서 택하신 성읍과 내가 주의 이름을 위하여 건축한 성전 있는 쪽을 향하여 주께 기도하거든 주는 계신 곳 하늘에서 그들의 기도와 간구를 들으시고 그들의 일을 돌아보시오며 주께 범죄한 백성을 용서하시며… 그 사람들로 그들을 불쌍히 여기게 하옵소서"(왕상 8:47-50).

다니엘은 솔로몬의 기도 중 이 말씀에 근거해서 목숨을 걸고 기도하기를 포기하지 않았다. 이렇게 솔로몬이 했던 비전기도의 특징은 왕이라는 지위, 미션보다는 지혜로운 재판을 하는 행동, 즉 전략에 초점이 맞춰져 있었다.

우리의 꿈은 지위나 명예가 아니라 어떻게 행동하고 일하며 소명을 이루어내는가에 달려 있다. 전에 EBS TV의 특강을 우연히 들었는데, 부모가 자녀에게 심어주어야 할 비전에 대한 김미경 강사의 강의였다. 핵심은 자녀들에게 꿈에 대해 '명사'로 정해주지 말라는 권고였다. 명사가 아닌 '형용사'가 진정한 비전의 가치관을 결정하는 원동력이라는 말이 인상적이었다. 즉 형용사인 꿈이 진화하여 참된 비전을 성취하게 한다. 예를 들어 '의사'라는 명사로 꿈을 정해주지 말고 형용사로 꿈꾸게 하는 것이다. 어떤 의사가 될지 꿈꾸는 것은 어떤 것인가? '강남에서 돈 많이 버는 (의사)'가 되려고 꿈꾼다면 너무 속보이지 않는가? '사람들에게 봉사하는 삶을 사는 (의사)'나 '연구하고 가르치는 (의사)' 등은 어떤가? 더욱 구체적으로 의학의 분야나 지역, 일하는 방법 등이 포함되어도 좋다.

이렇게 형용사에 초점이 맞춰진 비전으로 솔로몬을 평가해보면 솔로몬 왕은 하나님이 기뻐하시는 왕이 된 이유가 있다. 바로 '지혜를 추구하여 백성들을 복되게 하려는 (왕)'의 소명을 가졌기에 하나님이 기뻐하셨다. 애굽의 국무총리라는 지위가 가장 먼저 떠오르는 요셉도 이런 관점으로 평가해볼 수 있다. 조금 길지만 '많은 고난을 통해 내공이 깊고 배신도 많이 당해 용서의 미덕도 배운 (고위관리)'가 바로 요셉의 형용사 비전이었다. 이것이 바로 전략에 강조점을 둔 비전 성취의 방법이다.

기도하며 당신을 향한
하나님의 부르심을 추구하라

오늘 우리에게도 자신의 소명을 발견하는 일이 중요하다. 앞에서 말한 대로 솔로몬은 아버지의 직업을 세습해서 별다른 고민 없이 비전이 전수되고 모범적인 계승의 과정을 거친 것을 확인했다. 우리나라도 100년쯤 전에는 부모의 직업을 세습하는 경우가 잦았다. 그러나 요즘은 시대가 바뀌었다. 대부분의 사람들은 자신이 갖는 직업을 중심으로 비전을 찾아간다. 그렇다면 우리는 자신이 선택하는 직업을 통해 어떻게 하나님의 부르심에 응답하는 소명의 사람이 될 수 있는지 생각해 보자.

먼저, 교회를 중심으로 교회 안에서 할 수 있는 비전 발견의 방법과 교회 밖 세상에서 할 수 있는 방법으로 나누어 생각할 수 있다. 우선 교회 안에서는 말씀과 기도와 공동체의 교제를 통한 비전 나눔이 필요하다. 우리 인생의 목적, 즉 비전은 하나님의 나라와 그의 의를 구하는 것임을 기억하면서(마 6:33), 자신을 하나님께 드리는 우리 인생의 목적을 하나님께 자주 기도하면서 말씀드려야 한다. 또한 성경을 꾸준히 읽으며 자신의 비전을 찾아가는 과정이 중요하다.

1940년대 미국의 도티 월터스라는 젊은 여인은 대출금을 받아서 연 세탁소의 문을 닫고 파산할 지경일 때, 잠이 오지 않는 밤에 생각난 성경이야기와 성경구절로 인해 영감을 얻었다. 열왕기하 4장에 나오는 여인이 죽은 남편의 스승인 엘리사 선지자를 찾아가 도와달라고 했을 때 집에 남은 한 그릇의 기름으로 빌려온 빈 그릇들을 가득 채우는 이적이야기가 생각났다. 또한 이 여인은 이때 마태복음 25장에 나오는 달란트 비유 중에 한 달란트 받은 자가 제대로 이익을 남기지 못하자, 그것을 빼앗아 열 달란트 가진 자에게 주는 상황에 대해 "무릇 있는 자는 받아 풍족하게 되고 없는 자는 그 있는 것까지 빼앗기리라"(29절)는 말씀이 생각났다.

그러자 여인은 자신의 집에 남아 있는 기름 한 병과 땅에 묻어둔 한 달란트가 뭔지 생각하며, 자신에게 글 쓰는 능력이 있다는 사실을 새삼 발견했다. 그래서 글 쓰는 사람을 찾는 구인광고를 뒤지다가 '광고'가 그 여인의 인생 키워드가 되었다. 그리고 2007년에 세상을 떠날 때까지 광고와 마케팅 분야에서 탁월한 역량을 발휘하는 사람이 되었다. 말씀에 대한 기억이 결국 한 사람의 인생 비전을 성취하는 계기가 된 것이다.

이렇게 비전을 위해 기도하면서 교회 안의 공동체 구성원들과 서로 이야기하며 나누는 과정이 중요하다. 과거에는 성경공부 시간을 통해 이런 비전 나눔을 쉽게 할 수 있었는데, 비단 성경공부가 아니라도 교회 안에서 여러 모임을 통해 구체적으로 비전을 나누는 일을 실천해가는 노력이 중요하다.

그리고 청소년이나 대학생, 청년들만 이렇게 비전을 생각하는 것이 아니라 나이가 들었어도 이런 과정을 거치며 자신의 인생 비전을 구체화해보는 노력이 필요하다. 은퇴 후의 제3의 인생을 길게 살아야 하는 현실에서 하나님이 부여하신 자신의 소명에 대해 묵상하면서 인생을 설계하는 일을 꼭 할 수 있어야 한다. 교회 안에서 우리는 이렇게 말씀과 기도와 공동체를 통해 비전을 구체화시키는 일을 해보는 것이 좋다.

또한 비전을 실현하는 중요한 인생의 마당인 직업을 찾고 지속하는 일을 교회 밖 세상에서 해나가야 한다. 이 일을 위해 하나님이 나에게 주신 달란트를 발견하는 일과 세상의 필요에 주목하는 일을 병행하는 것이 중요하다. 미국의 작가이며 목사인 프레드릭 뷰크너는 '직업'(Vocation)에 관해 정의하며 이렇게 말했다. "하나님이 당신을 부르시는 장소는 당신의 깊은 기쁨과 세상의 깊은 갈망이 만나는 곳이다"(프레드릭 뷰크너, 「통쾌한 희망사전」(서울: 복있는사람, 2005), 167쪽).

유명한 화가 빈센트 반 고흐는 고단하고 힘든 삶을 살았던 사람이다. 무엇을 해야 할까, 어떤 직업을 가져야 할까 고민을 많이 하면서 37년의 짧은 생을 살았다. 고흐는 삼촌들과 여러 집안사람들이 종사하던 화상(畵商)으로 일을 시작했다. 일에 의욕을 품기도 했지만 결국 고흐는 화상 일을 그만 두고 아버지처럼 목사가 되려고 했다. 하지만 신학교에 입학하지 못해 실패하고 탄광촌에 파송되어 헌신적으로 복음을 전하는 선교사의 일을 감당했다. 벨기에의 탄광에서 자신이 받은 선교비를 사람들에게 나누어주고 헐벗고 굶주리다시피 지내면서 헌신했다. 하지만 교회는 예수 그리스도처럼 자신이 가진 모든 것을 주고 헌신하는 고흐를 이해하지 못하고 설교자의 품위를 떨어뜨렸다면서 선교비 지원을 중단했다. 그래서 임시 선교사에서 면직되고 난 후 고흐는 자신이 뭘 해야 할지 몰라 난감했다고 한다.

그리고 그 절망의 시기에 고흐는 그림을 그리기 시작했다. 사실 어린 시절에 취미로 그림 그리는 어머니를 따라 그림을 그린 적도 있는 고흐였는데, 결국 자신의 잠재력을 인생에서 가장 절망적이고 앞길을 발견하지 못할 때 발견했다. 이후 정신질환으로 자살하기까지 10년의 세월 동안 정말 열정적으로 그림을 그린 고흐의 인생은 참으로 고단했다. 하지만 그가 발견해낸 그림에 대한 열정은 오늘날 수많은 사람들에게 영감을 주고 있다. 그런 면에서 그림 그리기는 빈센트 반 고흐가 찾은 인생의 소명이었다고 말할 수 있다.

고흐의 삶을 기회의 관점으로 본다면 하나님이 그의 가정에서 허락하신 아버지와 어머니의 모습을 통해 세상을 사랑하고, 하나님께 헌신하려는 삶을 살기 위해 불같이 노력한 사람이라는 것이다. 고흐가 동생에게 보낸 편지에 보면 "하나님을 사랑하는 최상의 방법은 세상의 모든 것을 사랑하는 것"이라는 사실을 보여주려 노력했다고 한다. 화가가 되기 전에 모색했던 탄광촌 선교사의 길을 통해 하나님의 사랑을 전하기 원했으나, 그것이 여의치 않자 그림을 통해서 세상의 모든 것을 사랑하려는 시도를 했던 것이다. 그렇게 고흐는 하나님의 부르심에 응답하는 삶을 추구해갔다.

이렇게 하나님이 부여하신 소명을 기도하며 찾아가는 과정이 우리에게도 당연히 있어야 한다. 누구에게나 있으며 발견해야 하는 소명이 비단 직업에만 국한되는 일은 물론 아니다. 그러나 직업은 하나님의 부르심을 확인하는 데 매우 중요하다. 솔로몬의 멋진 소명기도를 참고하면서 우리도 하나님이 우리에게 주신 비전을 확인하고 매진하는 삶을 살아나가야 한다.

솔로몬의 멋진 소명기도를 살펴보았는데, 하나님의 마음에 딱 들게 기도했던 솔로몬이 결국 어떻게 인생을 마치게 되었는가? 아쉬움이 남는 솔로몬 왕의 말년을 통해서도 우리가 교훈을 얻어야 한다. 솔로몬의 인생을 총평하는 열왕기서 저자의 기록이 솔로몬의 인생을 말해준다. "왕은 후궁이 칠백 명이요 첩이 삼백 명이라. 그의 여인들이 왕의 마음을 돌아서게 하였더라. 솔로몬의 나이가 많을 때에 그의 여인들이 그의 마음을 돌려 다른 신들을 따르게 하였으므로 왕의 마음이 그의 아버지 다윗의 마음과 같지 아니하여 그의 하나님 여호와 앞에 온전하지 못하였으니"(왕상 11:3-4). 단정적으로는 이렇게 기록한다. "솔로몬이 마음을 돌려 이스라엘의 하나님 여호와를 떠나므로 여호와께서 그에게 진노하시니라"(왕상 11:9).

솔로몬은 좋은 마음을 가지고 이스라엘의 왕으로 일하기 시작했는데 그의 욕심 때문에 우상을 숭배하고, 결국 그 마음이 하나님으로부터 멀어졌다. 그래서 하나님의 진노를 받는 인생이 되었다. 자신이 했던 소명기도를 두루마리에 써서 집무실에 걸어두었을 텐데, 솔로몬은 결국 초심을 잃고 말았다. 우리는 솔로몬의 실패를 반복하지 말아야 한다. 소명기도를 일평생 추구하면서 21세기의 현명한 솔로몬이 되어야 할 우리는 잠언 기자의 교훈대로 우리의 마음을 지켜야 한다. "모든 지킬 만한 것 중에 더욱 네 마음을 지키라. 생명의 근원이 이에서 남이니라"(잠 4:23).

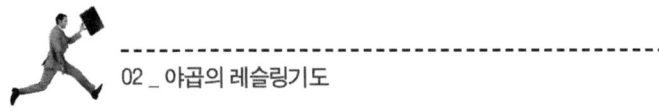

02 _ 야곱의 레슬링기도

응답하실 때까지 매달려 하나님의 얼굴을 보라

몇 년 전 여름휴가 때 아내와 딸과 함께 영화를 두 편 봤다. 많은 사람들이 보는 영화에는 관심을 좀 덜 가지고 〈바그다드 카페〉 감독판과 〈나의 산티아고〉라는 독일 영화들을 보았다. 〈바그다드 카페〉(Bagdad Cafe : Director's Cut, 퍼시 아들론 감독, 2016)는 본래 1987년에 개봉한 영화로 직업관 관점으로 영화들을 다룬 나의 책 「샐러리맨 시네마」(서울: 한세, 2000)에도 소개한 작품이었다. 그 영화의 감독판이 새롭게 개봉되어 반갑게 보았다. 아내와 딸이 지루해 할까봐 걱정했는데 괜찮았다고 해서 안심했다. 예전에 본 영화와 다른 부분도 꽤 많아서 나도 새로운 느낌으로 보았다. 캘리포니아 사막 한가운데서 남편에게 버림받은 독일 여인 야스민이 휴게소 바그다드 카페에 머물며, 결국 자신을 찾아가는 내용의 영화이다. 야스민은 자신뿐만 아니라 휴게소의 안주인인 브렌다에게도 새로운 마음으로 일하며 살아가는 희망을 선물한다.

〈나의 산티아고〉(Ich bin dann mal weg, 줄리아 폰 하인츠 감독, 2016)는 하페 케르켈링이라는 실제 인물의 기행문 「산티아고 길에서 나를 만나다」(서울: 은행나무, 2016)를 영화로 만든 작품이다. 크게 성공한 인기 코미디언 하페가 과로로 쓰러지면서 큰 수술을 받았다. 해본 적이 없는 긴 휴가가 낯설었는데 돌연 스페인의 산티아고 순례 길에 오르기를 결심하면서 겪는 여정을 담아내고 있다. 42일간 600km에 이르는 여정에서 사색하고 순례자들과 만나는 일상의 경험을 통해 자신을 돌아본다. 자신이 일하던 직업 세계인 미디어의 인간 존재 말살에 대한 비판과 신의 존재에 대한 잔상, 그리고 회의를 담으며 생의 여정을 그려내고 있다.

두 영화 다 가정과 직장에서 인생의 어려움을 겪는 사람이 인생의 참다운 가치를 찾아가는 이야기이다. 그들은 그 순례의 여정, 걸어가는 길, 만나는 사람들을 통해 배우고 스스로 치유받으며 다른 사람들을 회복시키기도 하면서 참된 인생을 찾아간다. 그렇게 인생을 돌아보는 기회의 시간을 갖는 사람들의 이야기를 두 영화에서 볼 수 있었다. 우리도 인생의 길을 걷는다. 인생길에서 과연 우리는 무엇을 찾아가는가?

무엇을 찾아 그렇게
밤낮으로 뛰어다니는가?

요절한 사람의 인생도 파란만장이라고 표현할 수 있지만 한 사람의 인생이 길면 길수록 그만큼 파란만장한 경우가 많다. 창세기에 나오는 야곱은 147세까지 살았던 사람이다. 그래서 더욱 이야깃거리가 많은 인생이었다. 이 야곱의 인생을 통해 우리의 인생길을 돌아보며, 특히 그가 하나님을 가까이에서 만나는 기회를 찾는 과정, 즉 독특하게 기도하는 장면을 살펴볼 수 있을 것이다.

쌍둥이 형이었던 에서의 축복을 가로채서 외가로 도망갔던 야곱의 이야기가 창세기 중반부에 등장한다. 야곱은 외삼촌 라반의 집 밧단아람에서 20년을 지내다가 고향으로 돌아오게 된다. 그런데 형 에서가 그 소식을 듣고는 4백 명의 사병(私兵)들을 이끌고 야곱을 만나러 온다는 소식을 들었다. 물론 복수하러 오고 있는 것이었다. 그 소식에 화들짝 놀란 야곱이 자기의 모든 재산을 동원해서 일종의 선물 공세를 펴기로 했다. 선물을 여러 번 나누어보내는 작전을 통해 형의 마음을 누그러뜨려서 위기를 모면할 계획을 세운 것이다.

그리고 이제 본격적으로 야곱이 자신의 계획을 행동으로 옮기는 장면이 등장한다. 이미 밤이었다. 야곱이 "밤에 일어나" 얍복 나루터에서 가족들과 그동안 모은 전 재산인 가축들을 건너가게 했다(창 32:22). 인생에 낮이 있는가 하면 밤도 있다. 야곱은 그때 심각한 인생의 밤을 보내고 있었다. 욥기에 보면 욥의 세 친구가 욥과 논쟁한 후 뒤늦게 논쟁에 등장한 엘리후가 욥에게 말했다. "그대는 밤을 사모하지 말라. 인생들이 밤에 그들이 있는 곳에서 끌려 가리라"(욥 36:20). 인생에서 우리는 밤을 만날 수 있다. 인생이 더 이상 앞으로 나아가지 못하는 밤이 있다. 질병으로 인생이 앞으로 나아가지 못한다. 전혀 예상치도 못하게 갑자기 닥친 어려움이 인생의 앞길을 막기도 한다. 캄캄한 밤에는 앞에 무엇이 있는지 예측이 안 된다. 우리 인생에도 그런 밤이 있을 수 있다.

사람들은 인생에서 무언가 의미 없는 일에 몰두하느라 밤을 겪을 수도 있다. 잠언 기자는 한 젊은이의 밤에 대해서 이렇게 말한다.

> "어리석은 자 중에, 젊은이 가운데에 한 지혜 없는 자를 보았노라. 그가 거리를 지나 음녀의 골목 모퉁이로 가까이하여 그의 집쪽으로 가는데 저물 때, 황혼 때, 깊은 밤

흑암 중에라"(잠 7:7-9).

이 안타까운 젊은이는 성적 쾌락에 탐닉하여 인생의 밤을 맞은 것이다. 자신은 그저 쾌락을 누리는 줄 알았는데 인생의 깊은 밤에 빠져서 허우적거리는 것이다. 성적 쾌락뿐만 아니라 또 다른 탐욕에 사로잡혀도 인생의 밤을 겪을 수 있다. 돈벌이에 몰두하다가, 무언가 눈에 보이는 성취와 성공에 집중하느라 밤을 겪을 수 있다. 지위를 얻고 명예를 얻으려고 애쓰면서 탐욕의 늪에서 헤어나오지 못할 수도 있다. 이렇게 다양한 탐욕으로 인해 인생의 밤이 찾아오기도 한다.

야곱은 그의 인생에서 이런 밤을 맞았다. 그의 밤은 전에 장자의 권리를 빼앗기 위해서 속였던 형에게 당할 복수의 칼날이었다. 지금까지 이룬 직업적인 성취와 가정이 하루아침에 사라져버릴 수도 있는 위기의 순간이었다. 야곱은 생각해야만 했다. '내 인생에서 중요한 것이 무엇인가?' '내가 지금까지 추구하며 살아온 것이 무엇이었는가?' 또한 그것을 어떻게 지켜야 할 것인지를 고민해야 했다.

그래서 야곱은 자신이 그동안 추구하여 이룬 모든 것을 유지할 수 있는 방법을 모색했다. 두 아내, 그리고 두 여종이면서 아내가 된 여인들, 그들의 자식들인 열 한 아들을 인도해서 얍복 강을 건너게 했다. 또 자기의 재산인 가축들도 모두 건너보냈다. 이렇게 야곱이 보낸 것은 그가 지금까지 인생에서 이룬 모든 것이었고, 그의 인생 자체였다. 그리고 혼자 남았는데, 야곱은 남은 밤이 더욱 두려웠다. 드디어 다음날 아침에 모든 것이 결판날 것을 예상하며 마지막 밤에 깊은 고민에 빠지지 않을 수 없었다.

서머셋 모음의 소설「인간의 굴레」도 바로 끝없이 무언가 추구하는 인간을 잘 보여준다. 주인공 필립 캐리는 내반족 장애를 가진 젊은이였다. 어릴 적에 양친을 여의고 목사인 큰아버지에게 양육받으며 자랐고, 학교 친구들에게 장애를 놀림받으며 힘든 삶을 살아갔다. 주인공 필립의 관심사를 요약하면 바로 오늘 야곱의 이야기와 같이 결혼과 직업이다. 그리고 종교성에 대한 회의를 통해 신의 존재를 찾아가는 과정도 있다. 필립은 한 나이 든 처녀와 관계를 가지고, 식당 종업원으로 일하던 로저 밀드레드와도 관계를 가지며, 가진 모든 것을 탕진하다시피 했다. 결국 어려운 때 도움을 준 아델니 부부의 큰딸 샐리에게 청혼한다. 가정을 얻기 위해 평생을 그렇게 방황했던 것이다.

직업부분도 마찬가지다. 처음에 필립은 큰아버지가 자기처럼 목사가 되라고 했지만 결국 거절하면서 좌절했다. 이후 화가가 되려고 미술공부를 하기도 했다. 마치 빈센트 반 고흐의 인생과 비슷해 보인다. 그러다가 필립은 의학학교에 들어가서 의사가 되려고 한다. 직업을 찾는 그 방황의 과정을 이 소설이 담고 있다. 이것이 바로 우리의 인생이다. 직업과 가정을 찾기 위해 애쓰는 좌충우돌이다. 그러나 이 소설에는 문제 제기는 있지만 해답은 없다. 소설은 보통 그렇게 문제 제기만 제대로 해주어도 훌륭한 작품이라고 평가할 수 있다.

인생에서 마지막까지 붙잡을 것은 무엇인가?

야곱도 지금까지 그 두 가지, 곧 '가족과 재산'을 위해서 애써왔다. 야곱은 늘 밤이 깊을 때까지 무언가 했던 사람이었다. 밤을 낮 삼아 열심히 일했던 사람이었다. 돈을 벌고 재산을 축적하기 위해 노력했다. 또한 그는 밤새도록 가족을 만들기 위해서 노력했다. 아내도 많아서 넷이나 되었다. 그래서 아이들을 많이 낳으며 가족을 확대해나갔다. 그런데 그게 어디 쉬운 일이었겠는가? 야곱은 낮과 밤을 가리지 않고 힘들었다. 그러나 야곱은 해냈다. 20년 만에 그 모든 것을 다 해냈다. 그래서 지금 수많은 가축들을 거느리고 고향으로 돌아가고 있다. 아직 아이들이 어려서 큰아이가 열세 살밖에 안 되었지만 열한 명의 아들에, 딸도 한 명이 있었다. 성경에 기록되지 않은 딸들이 더 많았을 가능성도 있다. 그렇게 어린 자식들을 줄줄이 거느리고 아내 네 명과 함께 고향으로 돌아가는 길이었다.

야곱은 직업적인 성공을 위해 노력했다. 첫 7년간은 사랑하는 여인과 결혼하기 위해 고단한 세월을 보냈다. 야곱이 외삼촌 라반에게 잘 보이려고 얼마나 노력했겠는가? 라반이 욕심 많은 것이야 이전부터 알려져 있었다. 야곱의 어머니인 리브가의 오빠 라반은 이삭의 아내를 찾으려고 아브라함이 종을 보냈을 때 종이 가져온 패물을 보고는 혹할 정도로 재리에 밝은 사람이었다(창 24:29-30). 혹시 외삼촌 라반이 야곱이 일을 잘 못한다고 7년의 기간을 연장하거나 라헬과 결혼시키지 않겠다고 할까 봐 노심초사했을 것이다. 7년을 수일같이 여겼다고 하지만 그것이야 심정적인 시간의 흐름일 뿐 그가 어떤 자세와 노력으로 7년의 세월을 보냈을지 상상해보라.

그렇게 애쓰고 고생하며 7년을 보낸 후 드디어 결혼식을 하고 첫날밤을 보냈는데 신부가 사랑하던 여인 라헬이 아니었다. 처형이 될 사람, 즉 라헬의 언니 레아가 신부였던 것이다. 야곱이 그렇게 라반에게 속았다. 그때에도 야곱은 절망과 분노를 가라앉히고 라반의 제안으로 라헬도 아내로 맞기로 했다. 결국 레아와 결혼하게 된 결혼식 기간 일주일을 보낸 후에 또 한 번 결혼식을 하고 라헬을 아내로 얻었다. 야곱은 일주일 사이에 결혼을 두 번 한 사람이었다! 그렇게 라헬과의 결혼은 먼저 결혼을 한 후 또 7년간의 신부값 노동을 제공해야 했다. 그때에는 좀 여유가 있었을까? 일단 라헬을 얻었으니까 말이다. 그런데 그 7년 동안에는 아이들이 열두 명이나 태어나는 상황이어서 야곱은 늘어나는 가족들을 먹여 살릴 수 있을지 고심하는 세월을 보냈을 것이다.

오늘 우리의 인생도 이렇게 야곱처럼 직업적인 성과를 이루고 가정을 세워가는 과정이 아닌가? 야곱에 대해서 공감하는가? 남의 이야기가 아니라 바로 나의 이야기일 수 있다. 그렇게 14년을 채우고 난 후 야곱은 외삼촌 라반과 노동계약을 맺고 정식고용인으로 일하게 되었다. 그때에는 자기의 재산을 불리느라 노심초사했다. 아들딸 열둘에 아내 넷 등 많은 가족들을 제대로 먹여 살릴 수 있을지 고민되었다. 그 치열한 고민의 과정을 보여주는 부분이 있다.

나중에 야곱이 라반과 결별하는 수순을 밟게 될 무렵에 이렇게 노동자의 양심선언을 했다. "내가 외삼촌의 양떼를 치면서 도둑질한 것 있습니까? 손실 난 것을 손비처리한 적이 있던가요? 내가 다 물어내었지요. 낮에는 에어컨도 없이 더위를 무릅쓰며 일했고, 밤에는 히터도 없이 추위에 덜덜 떨면서 눈 붙일 틈도 없이 일했습니다. 그런데도 사장인 당신은 내 연봉을 열 번이나 조정한다면서 결국 깎았지요"(창 31:38-42 참조).

야곱의 삶이 이랬다. 그는 밤에도 제대로 잠을 못 자고 일해야 했다. 또 밤늦게 집에 들어가면 넷씩이나 되는 아내에게 시달리느라 또 얼마나 고생이었겠는가? 아내들이 경쟁적으로 아들을 낳겠다고 밤마다 돌아가면서 순번제로 야곱을 불러들였다. 야곱이 밤을 보내는 순번이 있었다고 상상해본다. 안식일은 쉬고 6일 동안의 밤을 아내인 레아와 라헬이 각각 이틀씩, 두 첩이 각각 하루씩 야곱과 동침하지 않았을까 생각해본다. 그래서 그 순번을 바꾸려면 특별한 보상이 필요했을 것이다. 레아와 라헬이 최음제이자 임신촉진제로 사용되던 합환채를 가지고 남편 야곱과 하룻밤 잠자리를 거래하는 모습을 확인할 수 있다(창 30:14-16). 야곱은 이렇게도 고달픈 사람이었다. 낮에는 일에 시달리다가 집에 가면 또 아내들에게 밤새 시달렸다. 본인이 원하지는 않았지만 기구하게도 네 명의 아내와 가정을 꾸린 야곱에게 있어 그런 삶은 인과응보였다고 할 수 있다.

이렇게 야곱은 지금까지 가정과 돈을 얻으려고 밤을 지새우던 사람이었다. 그런데 그날 밤에 지금까지 그렇게 노력해서 얻은 자신의 인생 결과물들을 다 떠나보냈다. 얼마나 안타까웠을까 상상해볼 수 있다. 더구나 이때 야곱의 나이를 생각해보면 그 모든 것이 얼마나 야곱에게 중요했을지 그의 마음을 들여다볼 수 있다.

야곱의 나이를 정확히 알 수는 없지만 구체적으로 단서를 제공해주는 부분이 있다. 나중에 요셉이 애굽에서 아버지 야곱을 불렀을 때 애굽에 내려가 바로 왕 앞에 섰던 무렵의 나이가 130

세였다(창 47:9). 얍복 강가에서는 아직 요셉의 동생 베냐민이 태어나지 않았다(창 35:16-18). 요셉은 아버지 야곱이 라헬과 결혼하고 제공한 두 번째 7년 노동이 거의 끝나갈 무렵에 태어났다(창 30:22-26). "라헬이 요셉을 낳았을 때" 야곱이 외삼촌 라반에게 이제 7년의 의무 노동기간을 마쳤으니 일하고 얻은 처자와 함께 고향으로 돌아가겠다고 말하는 장면을 볼 수 있다. 그러니 6년간 라반의 집에서 더 일한 후 야곱이 밧단아람을 떠나 고향으로 돌아오면서 얍복 강에 이르렀을 무렵 요셉의 나이는 예닐곱 살쯤 되었을 것이다.

나중에 요셉이 애굽에 가서 야곱을 다시 만나고 바로 왕을 만났을 때 요셉의 나이는 얼마나 되었을까? 요셉은 30세에 총리가 된 후 7년 풍년을 보내고 흉년을 2년 보냈을 무렵에 형들을 만났고, 아버지 야곱을 애굽으로 초대했다(창 45:6). 요셉의 나이 39세 무렵이었다. 그때 야곱의 나이가 130세였다. 그렇다면 얍복 강가에서 기도하던 야곱의 나이는 100세가 가까운 나이였음을 추정할 수 있다. 97,8세쯤 되었다.

당시 야곱은 이렇게 나이가 많았던 사람이다. 우리가 생각할 것은 바로 이점이다. 야곱이 그렇게 늘그막에야 이루게 된 자신의 가족과 재산에 얼마나 애착이 강했을지 상상해보라. 그러니 그것들을 어떻게 포기하겠는가? 가족과 재산이 바로 야곱의 희망이었다. 인생의 모든 것이라고 할 수 있었다.

그렇게 집착할 만한 가족과 재산을 모두 얍복 강 너머로 보낸 후 다시 돌아와 밤을 보내면서 야곱은 그동안 자신이 추구했던 것들에 대해 돌아보았을 것이다. 과연 그의 인생에서 무엇이 가장 중요한 문제인가? 그날 밤을 지새우면서라도 확인하고 풀어내야 할 문제가 있는 것을 알았다. 20년이 지났는데도 장자권을 빼앗긴 한을 풀지 못하고 득달같이 달려온 형이 문제였다. 형 에서와 맞닥뜨려야 할 다음 날 아침이 될 때까지 그 문제를 풀어야 하는 것을 야곱은 깨달았다. 그의 인생에서 정말 중요한 문제를 야곱은 그날 밤에 해결해야 했다. 그래서 얍복 강 이쪽편에 홀로 남았던 것이다.

야곱, 처절한 레슬링기도로 하나님을 만지다

이런 고민에 휩싸였던 야곱이 어떤 사람과 날이 새도록 씨름을 했다고 한다(창 32:24). 씨름했다는 것은 뒤엉켜 싸웠다는 뜻이다. 즉 레슬링을 했다는 말이다("a man wrestled with him." NIV). 그런데 그 상대가 누구였는가? 그 사람은 나중에 야곱에게는 명함을 달라고 했지만 자신의 명함은 주지 않았다(창 32:27,29). "어떤 사람"은 과연 누구였을까?

우리의 궁금증보다 더 중요한 것이 있다. 야곱이 이 사람을 누구라 생각하고 밤새 레슬링을 했을까? 처음부터 야곱은 이 낯선 사람이 하나님인줄 알았거나 하나님이 보내신 천사인 줄 알았을까? 아마도 아니었을 것이다. 에서가 보낸 자객인줄 알았다고 보는 주석가들도 있다. 자기의 재산을 훔쳐가려는 도둑인줄 알았다는 해석도 있다. 일리 있는 해석들이다. 어쨌든 중요한 점은 야곱이 그 사람과 맞붙어서 정신없이 싸웠다는 것이다. 왜 싸웠겠는가? 레슬링을 한 이유가 무엇이었을까? 함께 붙들고 겨뤄야 레슬링이 되는 것인데 둘 중 누가 더 처절하고 집요했겠는가? 더욱 격하게 싸운 사람은 아마도 야곱이었을 것이다. 그렇게 정신없이 싸우다가 야곱은 상대방의 존재를 깨달았다. 자기가 엉겨 붙어 밤새 뒹굴었던 존재가 바로 하나님인 것을 깨달았다(창 32:30).

야곱은 그 밤에 그의 삶 터 가까이에 내려오신 하나님과 직접 맞닥뜨렸다. 몇몇 주석가들의 해석대로 삼위일체 하나님의 2위이신 성자 예수님이 구약에 그 모습을 나타내신 것으로도 볼 수 있다. 선지자 호세아는 하나님이면서 동시에 하나님이 보내신 천사라고 두 가지 가능성을 다 이야기했다. "야곱은 모태에서 그의 형의 발뒤꿈치를 잡았고 또 힘으로는 하나님과 겨루되 천사와 겨루어 이기고 울며 그에게 간구하였으며"(호 12:3-4).

분명한 것은 야곱이 지금까지 100년 가까운 인생을 살면서 깨달았던 하나님과 다른 모습의 하나님을 여기서 만났다는 점이다. 하나님의 얼굴을 가까이에서 보았다. 하나님과 몸을 부딪치면서 인격적인 체험을 했다. 밤새 몸부림치고 레슬링하면서 하나님을 발견하게 되었다. 말 그대로 하나님을 만지고 느꼈다. 선지자 호세아는 그때 야곱이 울며 간구했다고 한다. 이런 그림들을 종합하면 야곱이 그 밤에 했던 일은 무엇인가? 바로 '레슬링기도'였다.

당신은 지금까지 인생을 살아오면서 하나님과 이렇게 가까이 맞붙어 겨뤄본 적이 있는가? 흔한 말로 계급장 떼고 맞장 뜨듯이 하나님과 레슬링을 해보았는가? 야곱의 레슬링은 말이 레슬링이지 생사를 다투는 격투기였다. 경기 규칙에 따르는 공식 레슬링 경기가 아니었다. 그저 내 집에 들어온 강도를 몰아내려는 개싸움 같은 몸부림이었다. 힘에서 밀리는 상대에게 얻어터지면서도 물고 늘어진 처절한 싸움이었다.

물론 전에 야곱이 하나님을 몰랐던 것은 아니다. 야곱은 예전에도 하나님을 알았다. 하나님의 음성을 들었다. 하나님에게 제사를 드렸다. 족장들 중에서도 하나님의 음성을 가장 많이 들었던 사람이 바로 야곱이다. 밧단아람으로 도망갈 때도 꿈에서 사닥다리가 하늘에까지 닿아 있는데, 꼭대기에서 야곱을 떠나지 않겠다는 하나님의 말씀을 들었다(창 28:10-15). 외삼촌 라반의 집에서 20년 동안 일했을 때 갈등이 생겨 떠나려 할 때도 야곱에게 하나님이 분명하게 말씀해주셨다. "네 조상의 땅 네 족속에게로 돌아가라. 내가 너와 함께 있으리라"(창 31:3).

브니엘 사건 이후에도 세겜에서 "일어나 벧엘로 올라가서 거기 거주하며 네가 네 형 에서의 낯을 피하여 도망하던 때에 네게 나타났던 하나님께 거기서 제단을 쌓으라"(창 35:1)는 하나님의 음성을 들었고, 다시 나타난 하나님이 아브라함 때부터 이어오는 언약을 반복하며 말씀하셨다(창 35:10-12). 나중에 요셉이 애굽에 살아 있는 사실을 확인하고 애굽으로 떠나려 할 때 브엘세바에서 하나님은 환상 중에 나타나 애굽으로 가기를 두려워하지 말라고 말씀하셨다(창 46:3-4). 다른 어떤 성경 인물들보다 자주 하나님은 야곱에게 직접 말씀하시면서 인생의 방향을 잡아나가도록 인도하셨다.

그러나 그날 밤 얍복 강가에서는 야곱이 말씀을 들었던 다른 때와는 달리 하나님께 직접 개인교습을 받은 것이었다. 레슬링 기도를 통해 야곱은 이런 귀한 경험을 하게 되었다. 야곱은 하나님을 만나는 일이 지금까지 추구해온 인생의 두 작품인 가정의 행복과 직업적인 성공보다 더 중요한 일임을 깨달았던 것이다. 야곱이 밤을 지새우며 씨름한 일이 바로 이 깨달음을 가능하게 했다. 인생에서 무엇이 중요한지를 야곱은 분명하게 깨닫게 되었던 것이다.

당신은 하나님을 인격적으로 만났는가? 예수 그리스도께서 내 인생의 가장 중요한 우선순위라는 말이 가슴으로 느껴지는가? 야곱처럼 엎어지면서라도 예수 그리스도를 느껴보았는가? 예수 그리스도는 인생의 희망이다. 전부이다. 예수님과의 관계가 분명해야 우리의 가정도 의미가 있고, 직업적인 성취도 보람이 있다. 사실 가정과 직장, 이 둘을 조화롭고 아름답게 만드는 것이 의식 있는 현대인의 가장 큰 관심사이기도 하다. 우리 사회도 일과 삶의 균형을 추구한다면서 '워라밸'(일과 삶의 균형이라는 뜻으로 'Work and Life Balance'의 준말)이 시대적인 화두가 되었고, 주 52시간 근무제가 법제화되어 시행되고 있다. 성공의 기준을 좀 낮추더라도 가족을 챙기고 개인의 삶을 추구하겠다는 요즘 우리 시대 젊은이들의 생각도 나쁘지 않다. 일만 중요하게 여기다가 결국 모든 것을 잃는 일중독자의 모습보다는 훨씬 바람직하다.

하지만 오늘 야곱을 통해서 우리는 어떻게 하면 그 결혼과 가정, 일터와 성공, 그리고 하나님을 믿는 신앙의 관계를 바로 세울 것인가에 대한 해답을 얻는다. 야곱은 하나님을 인격적으로 만나고 나니 모든 문제가 해결되었다. 사실 그는 하나님과 올바른 관계 정립이 필요했고, 형과의 관계에서도 용서와 화해가 필요했다. 당면한 현실적인 문제는 형의 분노를 잠재우고 살아남는 일이었다.

야곱이 브니엘에서 하나님과의 관계를 바로 세우니 형과의 관계가 해결되었다. 그가 지금까지 모아놓은 돈이나 가족들이 그 문제를 해결해주지 않았다. 에서는 야곱의 반복적인 선물 공세 때문에 마음을 푼 것이 아니었다. 하나님이 에서의 마음속에 역사해주셨다. 400명의 장정들을 거느리고 야곱을 잡아 죽이겠다고 오던 에서의 마음을 하나님이 녹여주셨다. 에서가 달려와 야곱을 안고 입 맞추었고, 에서와 야곱은 함께 울었다(창 33:4).

야곱은 이곳을 '브니엘', 즉 하나님의 얼굴이라고 이름 지었다(창 32:30). 하나님과 레슬링기도를 하며 가까이에서 자신의 지식과 감정, 그리고 의지로 직접 하나님을 만지고 느끼고 생각하게 되었을 때 야곱은 이런 귀한 선물을 받았다. 야곱이 브니엘이라는 이름을 지으며 자신의 새로워진 믿음과 하나님을 알게 된 기쁨을 고백하고 있다.

인생에서 무엇이 중요한가? 하나님과 어떤 관계를 가지고 있는지 그 관계를 먼저 해결해야 한다. 어떤 문제가 있는지 그 문제를 풀어내야 한다. 야곱처럼 우리도 하나님과 레슬링을 해야 한다. 하나님에게 매달려 처절한 기도를 해보는 것이다. 온몸이 땀범벅이 되고 정신이 혼미할 정도로 에너지를 쏟아내는 인생 경기를 해보는 것이다. 그러면 하나님이 야곱을 만나주셨던 것처럼 우리도 찾아와주실 것이다. 우리 인생의 가장 중요한 문제를 해결해주실 것이다.

야곱이 레슬링기도를 한 후 허벅지 관절을 다쳐서 다리를 절었지만 브니엘을 지날 때 해가 돋았다고 한다. 그 인생의 기나긴 '밤'이 지나고 찬란한 새벽이 되었다. '해'가 돋아 야곱을 비추었다(창 32:31). 그런데 그 태양은 어제 저녁에 지면서 야곱을 비추던 그 태양과 달랐다. 아니, 야곱이 달라진 것이었다. 야곱이 새로워지니 세상이 새로워졌다. 이런 인생이 멋진 인생이다. 떠오르는 태양이 바로 우리의 것이 될 수 있다. 하나님의 얼굴을 보게 될 것이다.

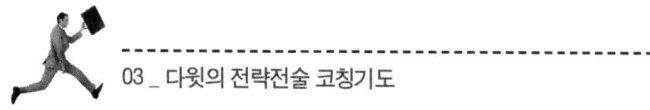

03 _ 다윗의 전략전술 코칭기도

때마다 일마다 기도하여
하나님의 인도를 체험하라

요즘 비즈니스 코칭에 대한 세미나들이 종종 열린다. 여러 방면의 주제가 있다. 그중 전략가적인 마인드에 비즈니스 감각을 곁들인 전문가가 필요하다고 광고하는 '전략코칭'이라 이름붙인 주제가 있다. 우리가 일을 하면서 목표를 달성하기 위한 전략을 직접 코칭받을 수 있다면 그야말로 날개를 단 상황이라 할 수 있다. 목표를 세우기도 까다롭지만 그 목표를 이루기가 쉽지 않다. 전략은 방향 설정이라고 할 수 있는데, 방향을 정하고 지금이 가야 하는 때인지 멈춰야 하는지 판단하는 것도 쉽지 않다. 우리가 일하는 비즈니스 현장도 그렇지만 특히 전쟁을 할 때

만약 이런 전략코칭을 받을 수 있다면 금상첨화일 것이다. 그런데 이런 위급 상황에 대한 전략코칭을 하나님께 기도해서 얻을 수 있다면 얼마나 좋겠는가? 그야말로 날개뿐만 아니라 제트엔진을 달고 승승장구할 수 있을 것이다. 그런 사례를 다윗왕을 통해 확인할 수 있다. 다윗은 그야말로 기도하고 전쟁했던 사람이다. 다윗의 평생 동안 지속되었던 전쟁에서 다윗은 큰 승리를 거두었는데, 그 승리의 비결이 바로 이 기도에 있었다. 혹시 이것이 다윗의 인생 모토였을지도 모르겠다. "기도하고 전쟁하라!"

전략적인 선택의 순간
기도한 다윗, 승리하다

사무엘상하에 걸쳐 길게 묘사된 다윗의 생애에서 전쟁을 할 때 구체적으로 기도했던 모습을 볼 수 있는 첫 번째 경우는 그일라 탈환작전이다(삼상 23:1-5). 다윗이 망명생활을 할 때였고, 30세에 왕위에 오르기 몇 년 전쯤이었다. 다윗이 머물고 있는 곳과 멀지 않은 곳에 있는 그일라를 약탈자 블레셋 사람들이 다시 침입했다는 소식을 들었다. 블레셋 사람들은 추수철이 되면 그렇게 약탈자의 본성을 드러내곤 했다. 그 소식을 들은 다윗이 이 문제를 가지고 하나님께 기도했다. 동족이 외적의 침입을 받아 다윗에게 도움을 청했다면 한시라도 빨리 나가서 싸우는 일이 급했을 것이다.

그런데 다윗이 그 일을 하기 전에 먼저 기도하고 있는 것에 주목해야 한다. 다윗은 어쩌면 당연하게 해야 할 일을 가지고 기도했다. 기도하는 다윗도, 응답하신 하나님도 사실 주고받은 특별한 내용이 없었다. 다윗이 "내가 가서 이 블레셋 사람들을 치리이까?"라고 기도했다. 그러자 하나님은 "가서 블레셋 사람들을 치고 그일라를 구원하라"고 응답하셨다(2절). 하나님의 응답이 다윗이 했던 기도의 내용 그대로였다. 이런 기도를 하는 것보다 빨리 가서 전쟁을 준비하고 일하는 편이 더 낫다고 생각할 수도 있다. 그런데 이것이 바로 전략코칭이다. 다윗이 기도를 통해 하나님께 코칭을 받았다.

기도를 통해서 하나님의 음성을 듣고 블레셋과 전투하는 것에 대해서 확신한 다윗은 자신의 기도에 응답하신 하나님의 뜻을 참모들에게 전달했다. 그러나 참모들의 반응은 냉담했다. 그일라 전투에 참전할 수 없다는 것이었다. 그렇다고 그들의 주장이 반대를 위한 반대인 것만은 아니었다. 부하들은 지금은 전쟁할 때가 아니라고 이구동성으로 말했다.

다윗이 가만히 생각해보니 그들의 반응도 무시할 수 없었다. 유다 땅에 숨어 있는 것도 두려운 망명객의 처지인데, 블레셋과 접경지역에 있는 그일라에 가서 블레셋 사람들과 전쟁을 하는 일은 현명하지 못한 처사라는 판단이었다(3절). 만약 이 사실을 알고 사울 왕이 추격해오면 다윗의 사람들은 앞뒤가 적으로 막혀서 그야말로 중간에 갇히는 상황이었다. 앞에는 적이 있고 뒤에는 사울 왕이 추격하니 독 안에 든 쥐 꼴이 되는 것이었다. 이렇게 다윗의 참모들이 제시하는 반론은 매우 합리적이었다. 이런 상황에 처한다면 어떻게 해야 하는가?

하지만 다윗의 입장에서도 답답한 것은 마찬가지였다. 다윗은 하나님께 기도했을 때 분명한 응답으로 하나님의 뜻을 확인했다. 기도로 하나님의 전략코칭을 받았다. 더구나 리더인 다윗이 공동체 전체를 염두에 두고 앞을 내다보는 안목으로 판단했다. 이것은 일종의 리더십이었다. 다윗은 그일라 전투에 꼭 참전하여 승리해야만 했다. 그러면 망명생활을 하면서도 백성들의 어려움을 외면하지 않는 지도자라는 명분을 세울 수 있었다. 동시에 요새지역에 안정된 근거지를 확보할 수 있었다. 그일라는 블레셋과 접경지역에 위치해 있어서 다윗이 그곳에서 머물 수만 있다면 사울 왕이 블레셋과의 충돌을 감수하면서 국경에 머무르는 다윗을 잡으러 오는 모험은 쉽게 하지 못할 것이었다. 부하들은 사울 왕이 뒤에서 추격해올 것이라고 생각했을지 몰라도 다윗은 블레셋 접경지역까지 자신을 잡으러 군대를 동원하지는 않을 것이라고 내다봤다.

이렇게 다윗은 지도자로서 앞을 내다보는 안목을 가지고 있었다. 지도자로서 다윗이 가진 포석을 부하들이 전적으로 이해하기는 쉽지 않았을 것이다. 그런데 이때 다윗이 나를 따르라고 강하게 주장하는 것만이 최선이었을까? 과연 어떻게 하는 것이 좋았는가? 하나님의 뜻을 이미 확인했노라고 윽박지르며 따르라고 강요해야 했는가? 개별적으로 부하들을 만나서 설득을 해야 했는가?

그러나 이때 다윗은 참모들의 반대를 받으면서도 자기의 생각을 강요하지 않았다. 참모들을 설득하려고 노력했는데, 다윗이 공감을 이끌어내기 위한 설득의 방법은 독특했다. 다윗이 어떤 방법을 썼는가? 그저 다시 한 번 기도하는 것이었다(삼상 23:4). 물론 다윗은 첫 번째 자신이 했던 기도와 똑같은 내용의 기도를 다시 반복했다. 이렇게 다시 기도하는 것은 리더로서 자존심이 상하는 일이었다. 다시 기도한다는 것은 첫 번째 기도 응답이 잘못되었을 가능성이 있다고 인정하는 것 아닌가? 이런 자존심 싸움 때문에 지금도 많은 리더들이 하나님께 제대로 전략코칭을 받지 못한다. 자존심으로 목표를 달성할 수 있는 게 아니고 성과를 낼 수 있는 것도 아니다. 전쟁에서 이길 수 있는 능력이나 팀워크를 얻을 수 있는 것도 아니다. 자존심은 별로 쓰임새가 없다!

다윗이 다시 한 번 기도했을 때 하나님은 첫 번째 기도했을 때와 동일한 응답을 주셨다. 나아가 하나님은 "내가 블레셋 사람들을 네 손에 넘기리라"(4절)고 말씀하시면서 그 전쟁이 하나님께서 친히 함께하시는 전쟁임을 분명히 알려주셨다. "네 손에 넘긴다"는 표현은 구약성경에서 하나님이 함께하시는 전쟁을 묘사하는 관용구이다.

이제 부하들에게서 의심과 두려움의 안개가 다 걷혔다. 이렇게 하나님의 동일한 응답에 힘을 얻은 다윗과 그의 무리는 그일라로 가서 블레셋 사람들과 맞서 싸웠고, 큰 승리를 거두었다. 전쟁은 부하들과 함께하는 것이지 리더인 다윗이 혼자서 하는 일이 아니었다. 하나님의 전략코칭의 핵심이 여기에 있다. 다윗이 두 번 기도하게 해서 결국 부하들을 설득하고 팀워크를 만들어낸 것이다.

이 전쟁의 승리로 다윗과 그의 공동체는 많은 것을 얻었다. 핍박을 받아 도피중인 차기 왕 다윗이 백성들의 어려움을 외면하지 않았다는 정치적인 명분을 얻을 수 있었다. 또한 하나님의 뜻을 찾는 일에 있어 리더인 다윗이 모든 팔로워의 공감을 얻어 팀워크를 이루는 좋은 선례를 남기기도 했다. 아울러 망명생활에 도움을 줄 많은 전리품을 얻는 기쁨은 보너스라고 할 수 있다. 이렇게 다윗이 기도를 통해 하나님께 전략코칭을 받을 수 있었다.

전술적인 선택을 해야 할 때도
기도하여 승리하다

전략이 구체적인 방향이고 큰 그림을 그리는 일이라면 전술은 그 전략을 이룰 수단이나 방법이다. 앞에서 살펴본 다윗의 그일라 전투 기록에는 전략은 볼 수 있지만 구체적인 전술은 나타나지 않는다. 어떤 방법으로 싸웠는지 자세한 묘사 없이 다윗의 군대가 기도하고 전쟁하여 결국 승리한 기록만 남겨주고 있다(삼상 23:5).

그런데 성경에서 종종 전쟁의 전술을 묘사하곤 한다. 다윗이 골리앗과 맞서 싸운 전투에서 기습 유격전을 벌인 일도 전술에 관한 중요한 묘사이다. 그런데 이렇게 하나님이 직접 알려주신 전술코칭에 대한 묘사가 다윗의 생애에 있었다. 이것도 역시 다윗 왕이 기도를 통해서 코칭받은 내용이었다. 다윗이 왕으로 등극한 지 얼마 되지 않은 때였는데, 역시 블레셋을 상대로 한 전투였다. 사무엘하 5장 17절부터 25절에 기록되어 있다.

"이스라엘이 다윗에게 기름을 부어 이스라엘 왕으로 삼았다 함을 블레셋 사람들이 듣고 블레셋 사람들이 다윗을 찾으러 다 올라오매 다윗이 듣고 요새로 나가니라. 블레셋 사람들이 이미 이르러 르바임 골짜기에 가득한지라. 다윗이 여호와께 여쭈어 이르되 내가 블레셋 사람에게로 올라가리이까. 여호와께서 그들을 내 손에 넘기시겠나이까하니 여호와께서 다윗에게 말씀하시되 올라가라. 내가 반드시 블레셋 사람을 네 손에 넘기리라 하신지라. 다윗이 바알브라심에 이르러 거기서 그들을 치고 다윗이 말하되 여호와께서 물을 흩음같이 내 앞에서 내 대적을 흩으셨다 하므로 그곳 이름을 바알브라심이라 부르니라. 거기서 블레셋 사람들이 그들의 우상을 버렸으므로 다윗과 그의 부하들이 치우니라. 블레셋 사람들이 다시 올라와서 르바임 골짜기에 가득한지라. 다윗이 여호와께 여쭈니 이르시되 올라가지 말고 그들 뒤로 돌아서 뽕나무 수풀 맞은편에서 그들을 기습하되 뽕나무 꼭대기에서 걸음 걷는 소리가 들리거든 곧 공격하라. 그 때에 여호와가 너보다 앞서 나아가서 블레셋 군대를 치리라 하신지라. 이에 다윗이 여호와의 명령대로 행하여 블레셋 사람을 쳐서 게바에서 게셀까지 이르니라."

블레셋이 다윗 왕 등극기념 전쟁을 걸어왔다. 그 첫 번째 전투는 우리가 살펴본 그일라 전투와 비슷하게 전략코칭이었다. 블레셋 사람들이 이미 르바임 골짜기에 가득했다고 한다(18절). 그곳은 예루살렘과 15km 떨어진 지역이다. 국경 가까운 도시 그일라보다 10km나 유다 땅 안쪽으로 들어와 있었다. 전에 다윗이 골리앗과 맞서 싸우던 엘라 골짜기는 르바임 골짜기 바깥쪽으로 15km 떨어져 있었다. 무슨 뜻인가 하면 지금 이스라엘의 영토를 깊숙이 침범당한 것이었다. 그 사이에 있던 성읍들이 쑥대밭이 되었다. 침략을 당해서 전세가 밀리고 있었다.

이렇게 블레셋 군대가 르바임 골짜기에 가득한 것은 심각한 상황이었다. 그곳까지 밀려들어왔으면 군인들의 진격 속도로 하루 정도면 예루살렘까지 당도할 수 있었다. 보통 상황이 아니었다. 그런데 다윗이 여호와께 여쭈었다. "내가 블레셋 사람에게로 올라가리이까? 여호와께서 그들을 내 손에 넘기시겠나이까?"(19절). 이게 기도인가? 한가하게 여유 부리고 있을 때가 아니었다. 당연히 나가야 했다. 그런데 다윗은 하나님이 함께해서 승리하게 하시는 전쟁이냐고 기도하고 있다. 하나님이 허락하지 않으시면 전쟁을 하지 않겠다는 뜻이었나? 전쟁을 피하든지 도망가든지 하겠다는 결심이라도 했을까? 중요한 점은 이 절체절명의 순간에 다윗이 기도했다는 사실이다. 하나님께서 "올라가라. 내가 반드시 블레셋 사람을 네 손에 넘기리라"고 응답하시자 다윗은 출전했다.

다윗이 기도하고 응답받는 사이에 블레셋 군대는 더욱 진격해왔다. 그래서 바알브라심이라는 곳(나중에 다윗이 이름 붙여 "여호와께서 물을 흩음같이 내 앞에서 내 대적을 흩으셨다"는 뜻)에서 다윗이 블레셋 군대를 쳐부수었다. 여기는 르바임 골짜기보다 10km쯤 더 북쪽에 위치해 있는 곳이다. 르바임 골짜기에서 예루살렘의 방향은 동북쪽 15km였는데 방향이 조금 북쪽이지만, 이제 예루살렘 코 앞 10km도 안 되는 지역까지 블레셋 군대가 진격해왔던 것이었다. 다윗에게 패하여 도망가는 블레셋 군인들은 그들의 우상(偶像)들도 제대로 못 챙기고 허둥대며 도망쳤다(21절). 다윗 왕의 이스라엘 군대가 큰 승리를 거둔 것이다.

그런데 이 전투를 복기해보면 제때 대응하지 못할 정도로 위기를 자초할 뻔한 상황이었다. 바로 기도하느라 그랬다. 너무나 당연히 응대해야 하는 전쟁이었는데, 하나님께 "이 전쟁을 할까요, 말까요?"를 확인하려고 다윗 왕이 기도했다. 하나님의 뜻을 분별하기 위한 기도를 하느라 전쟁의 적기를 놓칠 뻔했다. 수도인 예루살렘, 다윗 성 성벽을 기어오르는 블레셋 군대와 맞서는 극단적인 방어전쟁을 할 뻔 했다. 다윗에게 있어서 기도가 이 정도로 중요했다.

다윗은 기도했다. "제가 저 블레셋 사람들을 치러 올라가도 되겠습니까? 주께서 그들을 저의 손에 넘겨주시겠습니까?" 아니, 전쟁하러 와서 이런 기도를 왜 하는가? 전쟁할 준비를 다 갖춰놓았는데 이런 기도를 할 필요가 있었는가? 다윗은 믿는 구석이 있었기에 그 전쟁의 시작부터 모든 것을 하나님께 맡기기로 한 것이다. 그래서 그 전쟁을 해야 하는지 말아야 하는지 전쟁의 참전 여부부터 하나님께 질문했다. 정말 이 전쟁에 승리하게 하실 것인지 하나님께 여쭈었다. 기도는 문제를 해결한다. 마술적인 요소가 있기 때문이 아니다. 심리적인 요인과 사기의 상승작용 때문도 아니다. 하나님의 능력 때문에 가능한 것이다.

하나님이 다윗에게 대답하신 것도 그렇다. "올라가거라. 내가 저 블레셋 사람들을 반드시 너의 손에 넘겨주겠다." 무슨 대답이 이렇게 싱거운가? 기도와 응답이 마치 요식행위 같다. 전쟁터에서 기도를 하는데 "제가 전쟁을 할까요, 말까요? 전쟁을 하면 이기게 해주시렵니까?" "그래 전쟁을 시작해라. 내가 이기게 해주마." 무슨 기도와 응답이 이렇게 간단하고 맥없는가 말이다. 그러나 이게 바로 기도이다. 기도는 나의 연약함을 알고 하나님을 의지하며 하나님만 전적으로 신뢰하는 것이다. 하나님을 의지하는 확실한 마음의 자세를 가지고 하나님의 방법으로만 싸우겠다고 결심하는 것이다. 이런 믿음은 실제적이어야 한다. 믿는다면서 다른 생각을 하면 안 된다. 기도는 그저 입에 발린 말이 아니다.

영국의 한 도시에서 있었던 일이다. 교회가 있었는데 그 교회 바로 옆에 술집이 생겼다. 예배시간마다 술집의 소음으로 교인들이 괴로웠다. 그래서 교인들은 술집이 망하도록 기도했다. 그런데 정말 그 술집이 장사가 안 되어 문을 닫게 되었다. 술집 주인이 교회에서 자기가 망하도록 기도했다는 걸 알고 교회를 상대로 손해배상을 청구했다.

그런데 교회 대표로 나온 집사는 법정에서 이렇게 말했다.

"우리가 기도한 것은 사실입니다. 하지만 꼭 그 기도 때문에 술집이 망했다고 할 수 있습니까?"

드디어 판사가 판결을 하면서 이렇게 결론을 내렸다.

"술집 주인, 믿음 있음. 교회 대표, 믿음 없음."

기도를 하면서 믿지 않는 것은 바람직한 기도가 아니다. 다윗은 기도하고 믿었다. 지피지기, 지기를 하고 보니 상대가 너무 대단해서 어차피 자기 자신을 믿을 수 없었던 것이다. 왕으로 막 등극했으니 전쟁 준비가 잘 안 되어 있었을 것이다. 그러니 전적으로 하나님을 믿은 것이기도 하다. 우리의 믿음은 어쩌면 이렇게 간단한 수학과도 같다. 내가 능력이 없으니 하나님을 믿는 것이다. 이런 믿음을 가지면 하나님이 방법을 알려주신다. 지혜를 주신다. 환경과 상황을 변화시켜주신다. 그래서 기적을 허락하시는 것이다. 기도가 만사는 아니다. 그러나 기도를 제대로 하는 사람은 일도 제대로 하게 되어 있다. 다윗의 승리 비결의 핵심은 바로 이 기도에 있었다.

이렇게 왕위에 등극한 후 중요한 첫 번째 전쟁에서 승리했는데, 이후 블레셋 군대가 다시 쳐들어와 르바임 골짜기에 가득했다(삼하 5:22). 이번에도 다윗은 기도했다. 그런데 두 번째 전투에 대한 하나님의 기도 응답은 그야말로 전술코칭이었다. 하나님은 이번에는 올라가지 말고 뒤로 돌아서 기습하라고 하셨다(23-24절). 구체적으로 뽕나무 꼭대기에서 걸음 걷는 소리가 들리면 공격하라고 공격 신호와 시점까지 정확히 알려주셨다. "올라가지 말고 그들 뒤로 돌아서 뽕나무 수풀 맞은편에서 그들을 기습하되 뽕나무 꼭대기에서 걸음 걷는 소리가 들리거든 곧 공격하라. 그때에 여호와가 너보다 앞서 나아가서 블레셋 군대를 치리라." 다윗의 기도에 하나님이 직접 응답하신 이 '작전명령'은 작전회의에서 지휘관이 내리는 구체적인 전술의 지시가 아닌가? 이렇게 구체적으로 하나님이 전술코칭을 해주셨다. 이 전쟁에서도 다윗 왕은 큰 승리를 거두었다. 르바임 골짜기에서 시작하여 게바에서 게셀까지 점령했는데, 거리가 50km 이상 되는 지역을 확보하는 큰 승리였다.

그런데 1차 전투와 같은 지역에서 동일한 적과 벌이는 전투라면 전에 했던 기도가 아직 유효하지 않았을까? 하나님이 그때 올라가서 싸우라고 하셨으면 이번에는 그냥 기도하지 않고 나가서 싸우면 되지 않았을까? '유효한 기도', 유통기한이 아직 지나지 않은 기도가 우리에게는 얼마나 많은가? 이상하게도 오래 지속되는 기도 효과 말이다. 그런데 다윗은 그렇게 하지 않았다. 다시 하나님께 여쭈었다. 그랬더니 이번에는 구체적으로 전술까지 말씀해주셨다. 하나님이 직접 전술코칭을 해주신 것이다.

우리도 기도해야 한다. 결재 서류를 가지고, 공사 계획서를 가지고, 입찰 자료를 가지고 기도해야 한다. 미래에 대한 계획서를 가지고 기도해야 한다. 아직도 유효한 기도, 왕년에 많이 한 기도만으로는 부족하다. 다시, 새롭게 또 하는 기도에 하나님은 구체적으로 우리에게 코칭해주실 것이다.

다윗이 위기를 겪었던 순간
: 기도하지 않았을 때

이렇게 기도하던 다윗이 인생에서 어려움을 겪었던 순간들이 있다. 가만히 공통점을 생각해보니 기도하지 않았던 때였다. 망명시절에 블레셋 왕 아기스에게 피해갔을 때 다윗은 시글락 성을 근거지로 할당받아서 지냈다. 1년 4개월을 그곳에서 살았다. 그런데 그때가 왕이 되기 직전의 중요한 시기인데, 다윗은 이때 기도하는 모습을 보여주지 않았다. 그러니 사울 왕의 군대와 맞서 싸우는 전투에 자기도 참전하겠다고 블레셋 왕에게 충성서약을 했을 것이다. 그 문제를 가지고 하나님께 기도했으면 하나님이 그렇게 하라고 하셨을 리가 없다.

나중에 블레셋 신하들의 반대로 다시 시글락에 돌아와 보니 아말렉 사람들이 시글락 성을 다 불태우고 아내들과 자녀들을 다 사로잡아 갔다. 다윗을 따르던 사람들이 다윗을 돌로 치려고 했다. 이때 하나님을 힘입고 용기를 얻은 다윗이 그때야 비로소 하나님께 기도했다. "내가 이 군대를 추격하면 따라잡겠나이까?"(삼상 30:8). 어디서 많이 듣던 기도가 아닌가? 위기를 겪기 전에 기도했어야 하는데 다윗은 그러지 못했다. 만약 미리 기도했다면 하나님이 망명생활 마지막 시기에 어떻게 처세해야 하는지 알려주셨을 텐데 말이다.

왕이 된 후 큰 어려움을 겪게 된 압살롬의 반역 때도 다윗은 기도하지 않았다. 돌이키고 잘못된 일을 바로 잡아 문제를 해결할 기회가 많았는데도 다윗은 그러지 못했다. 기도하지 않았기 때문일 것이다. 가족의 문제이자 이스라엘 국가의 심각한 문제이기도 한 그 상황에 대해서 다윗이 기도한 기록을 볼 수 없다. 기록이 없다고 기도하지 않은 것이라 단정할 수는 없지만, 만약 다윗이 기도했다면 그 문제를 하나님이 풀어나갈 방법을 틀림없이 알려주셨을 것이다.

밧세바와 간음하고 그녀의 남편 우리아를 살인 교사한 범죄를 저지를 때도 다윗은 기도하지 않았다. 군대를 내보내 전쟁하고 있는 중에 저녁 때 침상에서 일어나 왕궁 옥상을 거닐던 다윗이 남의 집 여인의 목욕하는 장면을 보지 말았어야 했다. 다윗이 만약 그때 옥상에서 기도했다면 어땠을까? 자신의 죄를 감추려다 문제가 더 복잡하게 꼬여서 밧세바의 남편에게 불륜의 씨앗을 떠넘기지 못하게 되었을 때도 다윗이 만약 기도했다면, 더 이상의 악행을 그치고 죄 용서함을 받고 문제를 해결하는 지혜를 알려주셨을 것이다. 그렇게 기도하지 않았던 다윗은 나중에 밧세바가 낳은 아이가 병들었을 때야 금식하며 오래 기도했다(삼하 12:15-23).

늘그막에 이스라엘의 인구조사를 지시한 일이 있을 때도 다윗은 기도하지 않았다. 요압 장군이 말렸지만 자기의 세(勢)를 과시하고 싶은 교만과 탐욕 때문에 결국 인구조사를 했고, 그래서 재앙을 받았다. 7만 명의 백성들이 전염병으로 죽었다. 이 결정도 문제가 많았다. 하나님이 다윗에게 제시한 징벌적인 재앙이 삼지선다 선택 방식이었는데, "내가 사람의 손에 빠지지 않기를 바란다"고 해서 결국 7만 명의 백성들이 죽게 되었다. 그러면 안 되었다. 자신이 석 달 동안 원수들에게 쫓기는 방식을 선택했어야 옳았을 것이다(삼하 24장). 여하튼 다윗이 이런 안타까운 모습을 보이는 것은 바로 기도하지 않았기 때문이다. 다윗은 인구를 조사하고 싶은 생각이 들 때 그 문제를 가지고 기도했어야 했다. 그렇게 미리 기도하지 않으니 사후에 기도할 수밖에 없었다. 7만 명의 백성들이 죽고 나서 아라우나의 타작마당에서 하나님께 제사를 드리면서 다윗이 기도하니 그 기도를 들으시고 하나님이 재앙을 그치셨다(삼하 24:25).

얼마나 슬픈 기도인가? 기도해야 할 때 하지 않으니 이렇게 억지로 안타깝게 기도할 수밖에 없었다. 기도하지 않아서 초래한 결과가 너무나 참혹했다. 다윗은 생애에서 어려운 일을 여러 차례 겪었는데, 미리 하나님께 여쭙고 기도하지 않을 때는 나중에 기도했다. 미리 기도했다면 그런 처절한 마무리 기도를 하지 않았을 것이다.

우리 그리스도인들은 언제나 기도하는 삶을 살아야 한다. "쉬지 말고 기도하라"(살전 5:17)는 사도 바울의 권면을 늘 실천해야 한다. 하지만 언제나 기도하기는 쉽지 않다. 기도하는 마음 자세로 살면서 주님과 동행해야 하지만 때로 분주한 일터에서 지내다보면 아무 생각 없이 그저 시간을 보내는 경우도 허다하다. 그렇게 정신없이 일을 하다 낭패를 본 후 '아차, 기도하지 않았구나!'라고 후회해본 적이 있는가? 가나안 정복전쟁을 하던 여호수아와 이스라엘 지도자들이 바로 그런 실수를 했다(수 9장). 가나안 땅을 정복하는 여호수아와 이스라엘 백성들은 여리고 성과 아이 성을 차례로 점령했다. 여리고 성에서는 하나님의 놀라운 이적을 통해 난공불락이었던 성을 완벽하게 점령했지만 아이 성에서는 교만하여 큰 실패를 본 후에 점령할 수 있었다. 이렇게 성공과 실패를 경험한 후에 여호수아와 이스라엘 백성들은 특별한 일을 겪게 되었다.

남루한 차림을 한 사절단이 이스라엘 진영을 방문했다. 기브온 사람들인 그들은 먼 지역에 살고 있는 종족으로 이스라엘에 항복하겠으니 화친을 청하러 왔다고 했다. 낡은 옷과 신, 마르고 곰팡이 난 떡을 준비한 그 사람들은 꽤 치밀했다. 그들이 하는 말 속에는 최근 소식인 여리고와 아이 성에 대한 이야기는 없었다. 요단 강 동편에서 이스라엘이 두 왕을 이긴 오래 전 사건만 거론할 정도로 치밀했다. 작정하고 속이려 든 것이었다.

그러나 사실 기브온 사람들은 지척에 살고 있었다. 이스라엘 백성들은 그런 낌새를 눈치 채지 못한 것이 아니었다. 그런데 그들이 보인 말라빠지고 곰팡이가 난 떡이 분명한 증거라고 생각했다. 괜히 우쭐해지기도 했을 것이다. 그렇게 멀리까지 우리의 명성이 알려졌으니 어깨에 힘도 좀 들어갔을 것이다. 그래서 전혀 기도하지 않은 채 화친조약을 맺었다. 3일 후에 그들의 말이 거짓임을 확인할 수 있었지만 조약을 맺은 이상 이스라엘은 그들을 정복할 수 없었다. 백성들은 원망하고 여호수아와 족장들은 후회했다. 나중에 왕정 시대에 사울 왕이 조약을 어기고 기브온 족속을 죽여 재앙을 받는 일도 있었던 것을 보면(삼하 21장) 이 사건은 두고두고 이스라엘 사람들에게 '가시'가 되었다.

왜 이런 일이 일어났는가? 다른 어떤 이유가 아니라 기도하지 않고 일했기 때문이다. 여호수아 기자는 분명하게 지적하고 있다. "무리가 그들의 양식을 취하고는 어떻게 할지를 여호와께 묻지 아니하고"(수 9:14). 기도를 했다면 그런 어리석은 선택을 하지 않았을 것이다. 모든 일을 다 기도하고 할 수는 없겠지만 특히 어떤 일을 결정하는 선택의 기로에 놓였을 때, 또는 일의 진행이 잘 안 될 때, 우리가 흔히 말하는 대로 앞이 보이지 않을 때 우리는 특히 무릎 꿇고 기도하면서 일해야 한다. 기도하며 일하는 사람, 그런 사람을 크리스천 직업인이라고 말한다.

기도해야 하나님이 일하시고 우리도 일할 수 있다. 우리는 기도하지 않는 잘못을 생각하면서 기도의 본질에 대해 생각해볼 수 있다. 기도가 무엇인가? 기도는 주문이 아니다. 마술도 아니다. 중언부언하면서 많이 말하기만 하면 그 정성을 하나님이 보시는 것도 아니다. 기도는 하나님을 의지하는 태도이다. 내 인생이 하나님의 것이고, 하나님께 나의 인생을 맡기겠다는 결심이다. 내가 사는 것 같지만 하나님이 나의 인생과 우리 회사와 교회와 온 세상을 주관하시는 분임을 고백하는 것이다. 한마디로 "내가 아니라 하나님!"이라고 고백하는 것이다. 자기가 뭘 하겠다고 주장하며 설치는 사람은 기도하지 않는다. 그런데 기도하는 사람은 하나님이 다 하신다는 사실을 인정한다. 그리고 하나님이 하라고 하시는 일을 한다.

이런 의미에서 골리앗과 맞서 싸우면서 다윗이 했던 출정사는 바로 그의 기도였다.

> "너는 칼과 창과 단창으로 내게 나아오거니와 나는 만군의 여호와의 이름 곧 네가 모욕하는 이스라엘 군대의 하나님의 이름으로 네게 나아가노라. 오늘 여호와께서 너를 내 손에 넘기시리니 내가 너를 쳐서 네 목을 베고 블레셋 군대의 시체를 오늘 공중의 새와 땅의 들짐승에게 주어 온 땅으로 이스라엘에 하나님이 계신 줄 알게 하겠고 또 여호와의 구원하심이 칼과 창에 있지 아니함을 이 무리에게 알게 하리라. 전쟁은 여호와께 속한 것인즉 그가 너희를 우리 손에 넘기시리라"(삼상 17:45-47).

다윗이 내가 아니라 하나님이 하실 것이라고 고백하지 않는가? 이것이 바로 기도의 본질이다. 기도는 결국 우리가 인생을 살아가는 자세를 말해준다. 하나님을 믿는 우리의 신앙을 보여주는 것이다. 혼자 할 수 있겠다고 생각하면 기도하지 않아도 된다. 그런데 "제가 할 수 없으니 주님께서 하시옵소서!"라고 고백한다면 우리는 겸손하게 기도하지 않을 수 없다.

다윗이 전쟁을 위해 기도했던 두 에피소드를 통해 전략코칭을 받고 전술코칭을 받는 기도를 살펴보았다. 우리도 다윗처럼 우리의 문제들을 주님의 손에 올려드릴 수 있어야 한다. 우리의 문제를 가지고 기도하면 나름대로 꼭 필요한 응답을 받을 수 있다. 주님이 우리의 마음에 말씀하실 것이다. 환경을 통해 조명해주실 것이다. 할 것은 하고 말 것은 말아야 함을 일러주실 것이다. 기도하는 사람은 깨달을 수 있다. 전략코칭과 전술코칭을 받는 놀라운 기도의 은혜를 체험할 수 있다.

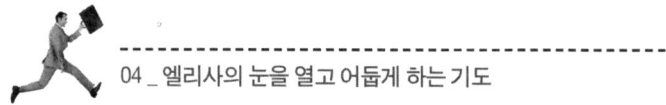

04 _ 엘리사의 눈을 열고 어둡게 하는 기도

배려하고 용서하며
기도로 윈윈전략을 실천하라

고구려 건국 초기에 있던 작은 나라 낙랑국의 공주와 고구려 호동왕자의 비극적인 사랑을 다룬 설화가 있다. 낙랑국의 왕은 점점 강해지는 인접국 고구려와 우호관계를 유지하기 위해 공주를 고구려의 호동왕자와 결혼시키려고 한다. 그런데 호동왕자를 사랑하게 된 낙랑공주가 사랑하는 사람과 조국 사이에서 갈등한다. 낙랑국에는 외적이 침입하면 스스로 울리는 자명고(自鳴鼓)가 있었는데, 낙랑공주는 결국 사랑을 택해 자명고를 찢어 버린다. 그래서 고구려가 침범하는 것을 막지 못해 낙랑국이 망했다는 이야기이다. 이 자명고 이야기의 '이스라엘 버전'이 이미 존재했고, 열왕기하 6장에서 확인할 수 있다.

아람 왕이 이스라엘을 침략하기 위해 논의했다고 한다(왕하 6:8). 여기서 우리 인생에서도 반복되는 골칫거리, 극복의 대상을 발견한다. 아람 나라는 지금의 시리아인데, 이 당시 이스라엘을 자주 침범했던 이웃나라였다. 그런데 열왕기하 5장에 아람의 장군 나아만의 이야기가 나온다. 이스라엘의 선지자 엘리사가 나아만 장군의 불치병인 한센병을 고쳐주었다. 그러면 좀 자제해야 하는데, 아람 왕은 북이스라엘을 침략하기 위해 머리를 싸매고 궁리하면서 수시로 침입해왔다. 사건 뒤에 사건이 이어지고 큰일 뒤에 또 큰 문젯거리가 닥치는, 숙제 많은 우리의 인생살이를 상징적으로 보여주고 있다.

아람 왕이 전쟁을 위해 신하들과 참모회의를 하고 기습을 시도한다. 그런데 언제나 그 침입하는 길목에 이스라엘 군대가 미리 막고 있어서 번번이 기습작전에 실패하곤 했다. 그런 일이 반복되니 나중에는 아람 왕이 내부의 첩자를 찾으려고 혈안이 될 정도였다. 알고 보니 이스라엘의 선지자 엘리사가 '왕이 침실에서 한 이야기'도 다 알아채고 이스라엘 왕에게 알려주었기 때문이었다. 이스라엘 판 자명고, 믿기 힘든 희한한 도청사건이었다!

그러자 아람 왕은 밤에 많은 군사들을 보내 도단이라는 곳에 있는 엘리사 선지자의 집뿐만 아니라 그 성을 포위했다. 아람의 수많은 군사와 말과 병거, 전차들이 대단했다. 아침 일찍 엘리사의 사환이 나와 보고 깜짝 놀랐다. 난리가 난 것이었다. 그런데 엘리사 선지자는 왜 아람 군대를 미리 막지 못했을까? 엘리사의 자명고가 고장 난 것인가? 배터리가 방전된 것인가? 사환이 탄식한다. "아아, 내 주여 우리가 어찌하리이까?"(왕하 6:15).

이런 상황은 우리도 일하고 살아가면서 종종 겪을 수 있는 모습이다. 사면초가, 누란지세, 백척간두, 풍전등화의 상황이다. 여기서 '자명고 옵션'을 포기한 선지자 엘리사의 독특한 위기 대처방법을 그의 기도를 통해 배울 수 있다. 이 기도 속에 사람들의 상상을 초월하는 인생의 승리비결이 담겨 있다. 그리고 이 기도는 우리 인생의 소명을 생각하게 한다.

"그의 눈을 열어서 보게 하옵소서!"

사환이 위기 상황을 엘리사 선지자에게 급히 알렸다. 그런데 엘리사 선지자는 담담하게 말했다. "두려워하지 말라. 우리와 함께한 자가 그들과 함께한 자보다 많으니라"(왕하 6:16). 전쟁은 보통 병력이 많은 쪽이 이긴다. 열세에 몰려 있어도 지원군이 있으면 전세가 뒤집히기도 한다. 복병이 있어서 병사들의 숫자가 더해지면 이기곤 한다. 이런 사실이 엘리사의 눈에는 보였다. 그런데 사환의 눈에는 보이지 않았다. 안 보이니 현실이 두렵다. 그래서 엘리사 선지자가 기도했다.

"여호와여 원하건대 그의 눈을 열어서 보게 하옵소서"(왕하 6:17).

그러자 하나님이 응답하셨다. '청년'이라고 묘사되는 젊은 사환의 눈을 열어주셨다. 눈이 열린 그가 보니 성을 둘러싸고 있는 아람 군대 뒤에 불 말과 불 병거가 산에 가득했다. 천사의 군대였다. 엘리사 선지자를 두르고 있는 것은 아람 군대가 아니라 더 많은 군대, 더 강력한 하나님의 군대였다. 숫자만 많아도 이길 가능성이 높은데, 아람 군대를 둘러싸고 있는 군대는 천사의 군대였으니 당연히 이길 싸움이었다. 엘리사는 본래 그것을 보았던 것이고, 사환은 그것을 못 보다가 눈이 열려 보게 된 것이다.

이렇게 보는 능력이 중요하다. 우리도 봐야 한다. 다른 사람은 못 보는 것을 우리는 볼 수 있어야 한다. 이것이 능력이다. 눈이 열려야 한다. 눈이 열리는 것은 무엇인가? 다른 사람은 못 보는 것을 보는 것, 그것은 탁월한 능력이다. 우리가 더욱 열심히 일하고 노력해서 미래를 예측하는 능력을 가질 수 있다. 혜

안(慧眼), 즉 사물의 본질을 꿰뚫어보는 안목과 식견을 갖기 위해 우리는 노력해야 한다.

혜안은 하나님이 능력을 주시고 기름을 부어주셔야 얻을 수 있다. 애굽의 왕 바로 앞에 선 요셉이 위기에 봉착한 애굽의 미래에 대한 대비책을 제시했을 때의 일을 기억해보라. '7풍7흉 대비 서바이벌 프로젝트'라고 이름 붙일 수 있는 일목요연한 브리핑을 듣고 난 이집트 왕 바로의 탄식을 기억하는가? 자기의 신하들을 보고 바로는 이렇게 말했다. "이와 같이 하나님의 영에 감동된 사람을 우리가 어찌 찾을 수 있으리요"(창 41:38). 미래를 내다보는 능력이 하나님의 영의 감동으로 가능한 일임을 이방의 왕이 추정하며 실토하고 있다. 그런데 그 추정이 사실이었다. 더구나 아마도 바로 왕이 생전 처음 들어보았을 신의 이름인 '하나님'을 분명하게 언급하면서 바로가 자기 신하들에게 탄식하듯이 털어놓고 있다. 왜 애굽의 태양신 라(Ra)나 다산의 신 오시리스(Osiris), 황소신 아피스(Apis)의 영에 감동된 자기 신하들은 없는지 한심하다는 표정을 짓는 바로 왕을 상상해보라. 성령님이 충만하게 역사하면 혜안을 가질 수 있다.

오늘 우리에게 엘리사의 기도가 꼭 필요하다. "여호와여, 원하건대 그의 눈을 열어서 보게 하옵소서." 우리는 서로를 위해 기도해야 한다. 그리고 스스로 우리 자신을 위해 기도해야 한다.

"여호와여, 원하건대 저의 눈을 열어서 보게 하옵소서!"

"하나님, 저의 눈을 열어서 보게 하옵소서!"

소리 내어 기도해보라.

"하나님, 저의 눈을 열어서 보게 하옵소서!"

그러면 무엇을 볼 것인가? "여호와여, 원하건대 저의 눈을 열어서 보게 하옵소서"라고 기도하면서 우리는 무엇을 볼 것인가? 당신은 무엇이 보고 싶은가?

"세상을 보게 하옵소서!"

"세상의 필요를 보게 하옵소서!"

"세상의 갈망을 보게 하옵소서!"

"하나님의 능력을 제대로 보게 하옵소서!"

"우리의 앞날을 보게 하옵소서!"

옛날에 한 인디언 추장이 늙고 병들었다. 추장은 후계자를 선정하기 위해 용감하고 씩씩한 추장 후보로 청년 셋을 선발해서 이렇게 말했다.

"저 높은 산꼭대기에 달려갔다 오너라. 그리고 그곳에 갔다 왔다는 증거를 제대로 가져오는 자를 후계자로 삼겠다."

세 청년은 열심히 달렸다. 산을 올라 꼭대기에 도착했다. 그리고 시간이 지난 후 한 청년이 가장 먼저 달려오며 말했다.

"추장님! 산꼭대기에 다녀왔습니다. 저는 산꼭대기의 고산식물을 증거로 가져왔습니다."

또 한 청년은 헐레벌떡 뛰어와 산꼭대기의 돌을 증거로 가져왔다고 말했다.

그리고 마지막으로 세 번째 청년이 뛰어오며 말했다.

"추장님! 저는 산꼭대기에 올라갔다 온 증거로 아무것도 가지고 오지 않았습니다. 그러나 산에 올라 저 산 너머를 보니 기름진 평야가 전개되어 있습니다. 그곳은 기회의 땅입니다. 그러니 우리 부족은 이곳에 살 것이 아니라 저 산 너머로 이주해야 합니다. 저는 저 산에 올라가 우리 부족의 미래를 보고 왔습니다."

만약 당신이 추장이라면 어떤 젊은이를 추장 후계자로 삼겠는가? 이렇게 미래를 제대로 볼 줄 아는 안목이 중요하다. 우리도 하나님께 기도하면서 세상을 보고 하나님의 의중을 헤아릴 수 있어야 한다.

"저 무리의 눈을 어둡게 하옵소서!"

도단 성을 포위하고 있던 아람 군대가 드디어 움직였다. 이제 전쟁이 시작될 시간이었다. 이때 엘리사는 하나님께 또 기도한다. 이번에도 눈에 관한 기도였다.

"원하건대 저 무리의 눈을 어둡게 하옵소서"(왕하 6:18).

이번에는 눈을 닫아서 어둡게 해달라는 기도였고, 하나님이 엘리사의 기도를 들어주셨다. 침략군 아람 군대 군인들의 눈이 모두 어두워졌다. 그 많은 군대가 앞을 보지 못했다. 한 사람, 젊은 사환의 눈을 열어 보게 하신 하나님께서 이제는 수많은 적군들의 눈을 어둡게 해서 못 보게 하셨다.

참으로 신나는 기도가 아닐 수 없다. "그의 눈을 열어 보게 하옵소서!"라는 기도로 한 사람이 눈을 떠서 제대로 보게 된 기도의 응답과 비교하면 "저 무리의 눈을 어둡게 하옵소서!"라고 기도하여 적군들이 모두 다 앞을 볼 수 없게 된 일은 정말 가슴 벅찬 기도의 응답이 아닌가? 누구나 이렇게 기도하고 싶은 욕구가 생길 것이다. 그런데 우리는 이 신나는 기도와 속시원한 응답에 들떠서 기도하는 사람의 신실함 혹은 윤리성을 간과하면 안 된다.

우리가 보이지 않던 것을 보고, 경쟁하는 사람들은 보던 것을 못 보면 누가 이기는가? 당연히 우리가 이긴다. 그러니 우리도 이렇게 기도할 수 있다. "저 무리의 눈을 어둡게 하옵소서! 침략하고 공격하는 저 사람들의 눈을 가려주옵소서!" 우리는 이 기도를 효과적으로 잘해야 한다. 악한 세상 속에서, 하나님의 뜻과 반대로 가는 사람들이 많은 현실 속에서 우리는 이 기도를 수시로 잘해야 한다. "저 무리의 눈을 어둡게 하옵소서! 저들의 악을 저들에게 돌리시옵소서! 엉뚱한 사람들이 피해 입지 않게 도와주옵소서! 그래서 하나님의 정의와 공의를 드러내시옵소서!"

그러면 이 기도는 그저 남들은 안 되라 기도하고 우리 편만 잘되기를 바라는 기도인가? 그런 마음으로만 기도하면 되겠는가? 하나님의 정의가 이런 정도의 수준일까? 기독교는 그렇게 이기적인 종교인가? 기독교는 복수하고 원한을 갚는 한풀이하는 사이비 민간종교가 아니지 않은가? 만약 내가 반칙을 하고 저쪽이 페어플레이를 하는데 "상대의 눈을 어둡게 해달라"고 기도한다면 이것은 어떤 것인가? 그런 기도야말로 나 혼자 잘 먹고 잘살자는 못된 정신이다. 이것이야말로 저주의 주술(呪術)이다. 모압 왕 발락이 미디안의 술사 발람의 힘을 빌려 이스라엘 백성들을 저주하는 주술을 쓰려고 했던 것이 바로 이런 사례이다. 자신이 정의롭지 못했던 발락이 주문한 저주의 기도는 효과를 발휘할 수 없었다(민 22-24장). 불의한 자가 정직하지 못한 방법으로 하는 기도는 결코 하나님이 응답하시는 기도가 아니다.

그러니 이 기도를 하는 사람은 그런 기도를 할 수 있는 처지에 있는지 자신을 잘 돌아봐야 한다. "저 무리의 눈을 어둡게 하옵소서!" 이 기도는 악한 사람이 할 수 있는 기도가 아니다. 반칙하는 사람이 이렇게 기도하면 그 기도가 틀림없이 자기에게 돌아갈 것이다. 그 반칙과 탐욕의 부메랑을 맞을 것이다. 그러나 정의로운 사람이 반칙하는 상대방이 반칙하지 않도록 눈을 어둡게 해달라고 기도하는 것이 중요하다. 나는 정의롭고 의로워서 하나님의 편에 서는 것이다. 이래야 제대로 기도할 수 있다. 엘리사의 기도가 바로 그것을 보여준다. "침략한 저 아람 군대의 눈을 어둡게 하여주옵소서. 평화를 깨뜨리는 저 무리를 벌 주옵소서. 그래서 하나님의 정의를 드러내 주옵소서."

우리도 이런 기도를 하기 위해서 자신을 잘 확인해야 한다. 악한 무리의 눈을 어둡게 해달라는 기도를 할 만큼 정의로우면 우리는 이렇게 기도할 수 있다. "불법과 반칙을 밥 먹듯이 하면서도 승승장구하는 저 기업의 기세를 꺾어주옵소서! 돈의 힘으로 모든 것을 다 휘두르는 저 악한 사람에게 하나님의 정의와 공의가 뼈 속 깊이 새겨지게 하나님께서 친히 손봐주옵소서! 자기 이익이라면 약한 사람들을 착취하고 다른 사람들의 간과 쓸개도 다 빼먹는 저 악한 사람의 반칙에 페널티를 주시고 퇴출시켜주옵소서! 그런 조직과 기업과 나라들에게 합당한 보응을 내려주옵소서! 돈과 권력으로 갑질하는 사람들과 성적으로 갑질하는 사람들에게 합당한 벌을 내려주옵소서! 이 땅에서 전쟁하려는 세력은 어떤 세력이든 눈이 멀게 하옵소서! 전쟁으로 이익을 보려고 부추기는 세력이 있다면 제 발등을 찍고 자충수에 빠져 하나님의 평화와 정의만 널리 드러나게 인도해주옵소서!"

정의로운 사람이 아프고 간절한 마음으로 이런 기도를 할 때 그 기도가 하나님의 응답을 받는 바람직한 기도일 것이다. 우리가 엘리사 선지자에게 이 눈을 어둡게 해달라는 기도를 배우되 하나님의 나라를 우선순위로 삼는 정의로운 마음으로 하나님께 간절히 기도할 수 있어야 한다.

적에게 호의를 베풀어
결국 이기는 전략

선지자 엘리사의 멋진 모습은 두 번의 독특한 기도로만 끝나지 않았다. 나아가서 크리스천 비즈니스의 멋진 전략을 보여준다. 우리는 이 부분을 살펴보면서 우리가 하는 일에서 크리스천다운 성공전략을 모색해볼 수 있다. 기도만으로 그치지 않고 기도한 사람들이 어떻게 일하는지 생생하게 볼 수 있다.

하나님이 기도를 들어주셔서 아무것도 보지 못하는 아람 군대를 엘리사가 이스라엘의 수도인 사마리아 성으로 데리고 갔다. 무장해제 되고 앞도 못 보던 그들이 사마리아 성에 들어갔을 때 엘리사 선지자는 다시 기도했다. "여호와여 이 무리의 눈을 열어서 보게 하옵소서"(왕하 6:20). 앞을 못 보던 아람 군대의 눈을 열어 보게 해달라고 엘리사가 기도했다. 개안(開眼) 기도가 다시 한 번 반복되었다. 그러자 그 아람 군인들이 눈을 떴

다. 그때 아람 군대 군인들이 겪은 두려움과 황당함은 엄청났을 것이다.

이스라엘 왕이 엘리사 선지자에게 물었다. "아버지여 내가 치리이까? 내가 치리이까?"(왕하 6:21). 아마도 왕은 대단히 흥분했을 것이다. 지금까지 이스라엘 왕이 이런 전과를 올린 적이 없었을 것 아닌가? 화살 하나 날리지 않고 아람 나라의 주력군을 모두 사로잡았다. 그래서 그 아람 군대를 모두 죽여 전과를 올리고 싶었다. 그런데 이스라엘 왕의 이런 욕심은 포로에 대한 처우를 규정하는 '제네바조약(?)'을 잘 몰랐던 것이다! 이때 엘리사의 멋진 크리스천 전략이 나온다.

"치지 마소서. 칼과 활로 사로잡은 자인들 어찌 치리이
까. 떡과 물을 그들 앞에 두어 먹고 마시게 하고 그들의
주인에게로 돌려보내소서"(왕하 6:22).

아니, 이런 황당한 전략이 다 있나! 자국을 위협하려고 쳐들어온 적군들에게 호의를 베풀어 되돌려보내라니! 이스라엘 왕은 반신반의하며 다시 물었을 것이다.

"떡과 물을 주고 주인에게 돌려보내라고요? 칼과 활로 치는 것이 아니라?"

엘리사는 변함없이 대답했을 것이다.

"네, 치지 마소서. 왕이시여."

그래서 이스라엘 왕은 엘리사의 전략처럼 포로들에게 많은 음식을 제공하여 잘 먹고 마시게 한 후 아람으로 돌려보냈다. 이런 멍청해보이는 전략이 바로 크리스천다운 성공과 승리의 전략이다. 우리는 이런 멋진 전략을 배워야 한다. 이렇게 할 수 있는 사람들이 바로 크리스천들이다.

일본의 크리스천 작가 미우라 아야꼬가 크리스천의 성공과 승리의 전략을 보여준다. 제2차 대전에서 일본이 패전할 당시에 미우라 아야꼬는 초등학교 교사였다. 그런데 옳다고 굳게 믿고 따랐던 진실이 패전하고 나니 하루아침에 뒤바뀌는 혼란을 겪으면서 인생에 대해 깊은 회의를 느꼈고, 초등학교 교사 일을 그만두었다. 그런데 폐결핵과 척추 카리에스가 발병했고, 이후 13년 동안 병상에 누워 있어야 했다. 요양원에서 아야꼬는 소꿉친구였던 마에가와 다다시를 만난다. 그는 신실한 크리스천이었다. 아야꼬의 연인이 되기도 했던 마에가와 다다시에게 전도를 받고 아야꼬는 예수 그리스도를 영접했다. 그런데 병이 나아서 함께 요양원을 나왔으면 얼마나 좋았을까? 연인 마에가와 다다시는 병을 이기지 못하고 세상을 떠났다.

퇴원 후 아야꼬는 함께 문학활동을 하던 미우라 미쓰요 씨와 결혼을 한다. 그래서 미우라 아야꼬가 되었다. 역시 크리스천인 남편과 함께 작가의 길을 가려고 했다. 그러나 생계를 유지하기 힘들었다. 미우라 씨 부부는 동네에 조그만 잡화점을 열어 함께 장사를 했다. 정직하게 장사한다는 소문이 나니 장사가 잘되었다. 트럭으로 물건을 대며 장사할 정도였고, 부부가 새벽부터 밤늦게까지 앉아 있을 틈이 없을 만큼 장사가 잘되었다.

그런데 미우라 씨 가게 건너편에 잡화점을 연 부부가 있었다. 하지만 미우라 씨 가게만 장사가 잘되고 그 집은 손님이 적었다.

어느 날, 남편 미우라 씨가 아내에게 말했다.

"저 집은 아이들도 많아 들어갈 돈도 많은데 장사가 잘 안 되니 우리가 좀 도와줍시다."

무슨 이야기인가 아내가 물었다.

"우리 가게에 물건을 좀 덜 갖다 놓아서 그 물건은 저 집에 가서 사라고 추천해줍시다."

아야꼬는 처음엔 말도 안 된다고 펄쩍 뛰었지만 결국 남편의 말을 따랐다.

남편의 말대로 상대편 가게도 장사가 잘되면서 미우라 씨 가게는 좀 여유가 생겼다. 그 무렵 일본 〈아사히신문〉 창간 85주년 기념 1천만 엔 고료 소설 공모가 있었다. 만약 전처럼 잡화점 일이 바빴다면 소설을 쓸 엄두도 못 냈을 것인데, 잡화점 일이 여유가 생기니 응모할 마음이 생겼다. 또한 우연인 것 같지만 여기에도 하나님의 세밀한 인도하심이 있었다. 아야꼬가 친정에

신년인사를 갔다가 동생이 건네준 〈아사히신문〉에서 우연히 소설 공모를 봤던 것이다. 그날 밤에 잠이 잘 오지 않아 뒤척이던 중에 미우라 아야꼬는 소설의 스토리를 대략적으로 구상했다.

낮에는 잡화점의 일을 하고 있었기 때문에 일을 마친 미우라 아야꼬는 밤늦게 글을 썼다. 매일 정확하게 원고지 3장반 씩 일기 쓰듯 원고를 썼는데, 그 시간에 남편 미쓰요 씨는 계속 기도를 했다. 이렇게 미우라 씨 부부는 거의 1년간 날마다 이렇게 기도하며 소설을 썼다. 기성 작가들도 다수 참여하고 쟁쟁한 작품들이 많아 총 응모작이 731편이나 되었는데, 그중에서 미우라 아야꼬의 소설이 1등으로 당선되었다. 그 작품이 바로 「빙점」이다.

이 소설이 어떤 내용인가? 어떻게 원수 사랑을 실천하여 결국 이기는 크리스천다운 성공전략을 보여주는지 간단히 살펴보자. 홋가이도 아사히가와 시 교외에 있는 병원에 게이죠라는 원장이 있었다. 그는 크리스천이었고, 성경 말씀을 좌우명으로 삼을 만큼 독실한 신앙을 가진 사람이었다. 그런데 그의 아내인 나쓰에가 병원의 안과의사인 무라이를 좋아했다. 아내는 둘이 함께 있으려고 세 살 난 딸 루리코를 나가 놀라고 했는데 그 사이에 딸이 유괴되어 살해당했다. 아내는 더 이상 아이를 낳을 수 없었고, 슬픔을 이기기 위해 여자아이를 입양하기 원했다. 원장은 자기 딸을 살해한 범인의 딸 요코를 입양해서 아내 나쓰에가 키우게 했다. 불륜을 저지른 아내에 대한 복수였다.

그러다가 아내 나쓰에는 양녀 요코가 초등학교 1학년이 되는 해에 남편의 다이어리에서 떨어진 메모를 보고 양녀 요코의 정체를 알게 되었다. 자기 딸을 죽인 유괴범의 딸을 지금까지 키운 것이었다. 그러자 나쓰에는 양딸 요코가 죽이고 싶을 정도로 미워져서 심하게 구박했고, 요코는 영문도 모르는 채 엄마 나쓰에의 구박을 참아냈다. 하지만 요코는 잘 성장했다.

그 와중에 이복오빠인 도루가 요코의 비밀을 알고 동생인 요코를 사랑한다. 그리고 도루의 친구인 기다하라도 요코에게 구애를 한다. 그러자 질투로 가득 찬 엄마 나쓰에가 요코는 유괴 살인범의 딸이라고 말해서 요코가 기다하라와 가까워지는 것을 막았다. 요코는 충격을 받아 자기 아버지의 죄에 대한 죄책감에서 헤어나오지 못했다. 결국 음독을 하고 혼수상태에 빠진다. 그제야 나쓰에가 속죄의 눈물을 흘린다. 그런데 사실은 요코가 유괴 살인범의 딸이 아니라는 사실을 안 기다하라가 요코에게 달려온다. 그렇게 소설은 끝난다. 한평생 밝고 아름답게 열심히 살아온 요코의 마음속 빙점(氷点)은 얼음이 어는 점과 같은 차가운 부분, 바로 원죄 의식이었다. 그 죄의식이 요코를 얼어붙게 만들고 죽음을 선택하게 했다.

이 소설 속에는 인간의 사랑과 증오, 배신과 이기심이 담겨있다. 요즘 우리나라 텔레비전 드라마 중에 이른바 '막장 드라마'가 많은데, 그 비슷한 내용이 50여 년 전에 소설로 나왔던 것이다. 일본 사람들에게 이 소설이 인기를 얻었고, 혼수상태에 빠진 요코를 죽이지 말라는 독자들의 요청이 열화와 같아서 미우라 아야꼬는 「빙점」 속편을 출간했다.

이 속편은 요코가 양어머니 나쓰에를 용서하는 긴 과정을 담았다. 전편의 주제가 원죄의식이라면 후편은 바로 용서를 주제로 삼았다. 혼수상태에서 깨어난 요코는 처음에 자기를 그렇게 구박하고 오해한 어머니를 자신이 심판할 수 있다고 생각한다. 그런데 결국 성경 속에서 죄 없는 자가 먼저 돌로 치라는 예수님의 말씀에도 감동받고 마지막 장면에서 "어머니, 죄송해요"라면서 눈물로 어머니를 용서하며 끝난다.

소설 내용을 소개할 때 언급한 게이죠 원장의 평생 좌우명은 성경 속에 있는 "원수를 사랑하라"였다. 좋은 성경 말씀을 좌우명으로 가졌지만 실천하지 못한 그 말씀을 바로 자기가 입양해 복수하려고 한 양딸 요코가 실천한 것이다. 결국 이 소설의 내용이 바로 미우라 씨 부부가 보여준 비즈니스 전략을 잘 보여준다. 배려하고 용서하고 화해하는 전략이다. 그래서 결국 윈윈하는 것이다.

나중에 미우라 아야꼬는 이런 유명한 말을 남겼다. "어떻게 해야 좋을지 모를 때에는 자신에게 손해가 되는 쪽을 선택하는 게 낫다. 자신에게 득이 되는 일과 마주치면 인간은 시험받게 된다. 득봤다고 기뻐하다 보면 잘못된 생각을 하게 된다. 인간은 이익 앞에서 눈이 어두워지는 법이다." 아마도 미우라 아야꼬의 이 말은 과거 작가가 되기 전에 잡화점을 열어서 경험했던 앞의 에피소드를 계기로 얻은 교훈일 것이다. 소설 속에서도 결국 용서하는 선택이 이기는 길임을 보여주었다.

반칙으로 선전포고도 없이 기습해온 아람의 군대를 이렇게 대접해서 돌려보낸 엘리사의 전략, 그것은 오늘 우리가 배울 만한 비즈니스 전략이 틀림없다. '평화적 원원 비즈니스 전략'이라고 이름 붙여 본다. 원수를 사랑하는 전략이다. 이 방법이야말로 크리스천의 전략이다. 지는 것 같고 답답한 것 같으나 결국 이기는 전략이다. 놀라운 사실은 이로부터 아람 군사의 부대가 다시는 이스라엘 땅에 들어오지 못했다는 점이다(왕하 6:23).

물론 아람 왕 벤하닷이 다시 이스라엘을 침입해와서 사마리아를 에워쌌고, 백성들은 굶어죽는 사람들이 나오고 자기 자식을 잡아먹는 비극이 일어났다(왕하 6:24-33). 그런데 그 아람 군대가 다 도망가버리고 말았다. 큰 군대가 구원병으로 오는 것처럼 들리게 하는 하나님의 사운드 효과로 그 많던 아람 군대가 다 도망가고 말았다(왕하 7장). 그러니 결국 아람 군대가 이스라엘 땅을 점령하지 못한 것이다.

우리는 일하고 살아가면서 크리스천답게 평화적으로 원원하면서 용서하고 상생하는 전략을 실행할 수 있다. 답답하고 괴로울 때, 앞이 보이지 않는 상황에서 이렇게 기도하는 것이다.

"눈을 열어서 보게 하옵소서!"

우리가 눈을 떠서 세상을 제대로 바라볼 수 있을 것이다. 또한 우리는 악한 세상에 대해서 정의와 공의의 왕이신 하나님께 이렇게 기도할 수 있다.

"저 무리의 눈을 어둡게 하옵소서!"

물론 우리가 정의로워야 한다. 우리 자신이 켕기는 게 없어야 공의로우신 하나님께 정의를 실현해달라고 요구할 수 있다. 이렇게 기도하면서 결국 그들이 망하기를 바라는 것이 아니다. 용서와 사랑을 베풀어 윈윈하는 아름다운 결과를 얻어낼 수 있다.

로마서 12장에서 사도 바울은 말한다.

"네 원수가 주리거든 먹이고 목마르거든 마시게 하라. 그리함으로 네가 숯불을 그 머리에 쌓아 놓으리라. 악에게 지지 말고 선으로 악을 이기라"(12:20-21).

구체적으로 바울은 이런 크리스천다운 전략을 실천적 교훈으로 주고 있다. 바로 아람 군대를 대하는 선지자 엘리사의 전략이 이런 방법이었다. 이런 전략이 결국 이기는 방법이다. 좋은 전략이긴 한데 실천하기는 너무 벅차다는 부담감으로 힘들 수도 있다.

그런데 우리 크리스천은 결국 이기는 경우가 많다는 점을 기억해야 한다. 요담 왕에 대해서 역대기 저자가 평가한 내용이 인상적이다. "요담이 그의 하나님 여호와 앞에서 바른 길을 걸었으므로 점점 강하여졌더라"(대하 27:6). 바른 길을 걸었는데도 하루아침에 강해지지는 않았다. 천천히, 점점 강해졌다. 그러나 결국은 강해졌다. 우리 크리스천의 성공이 바로 이렇게 더디지만 확실한 보장성을 보여준다. 이 땅에서 보상받지 못하면 천국상급으로 받는 것이니 그리 이상할 것도 없다. 그런데 분명한 점은 이런 크리스천다운 성공을 하나님께서 기뻐하신다는 사실이다.

P·A·R·T·2

기도로 위기를
돌파한 사람들

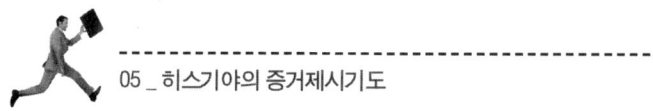

05 _ 히스기야의 증거제시기도

몰입하는 기도로 전화위복의 은혜를 얻으라

대한민국에서 군대에 다녀온 남성들은 아마도 '부모님 전상서'라는 동일한 서두로 시작하는 편지를 고향의 부모님께 보내본 경험이 있을 것이다. 요즘에야 그렇지 않겠지만 초등학교나 중학교 때 어버이날을 앞두고 의무적으로 편지를 쓰는 시간에도 이 말을 종종 써봤던 기억이 난다. 그런데 유다 왕국의 히스기야 왕은 '하나님 전상서(前上書)'가 아니라 '하나님 전상소(前上訴)'를 올려드렸다. 편지이긴 편지였으나 동시에 상소문의 의미가 담겨 있었다. 아직 확정되지 않은 재판에 대해 상급법원에 상소(上訴)하는 것처럼 하나님의 법원에 불복신청을 하는 셈이었다.

히스기야 왕의 '하나님 전상소'에는 과연 어떤 기도의 교훈이 담겨 있을까? 열왕기하 18~19장과 이사야서 36~37장에 거의 비슷하게 기록되어 있는 사건의 내용을 중심으로 살펴보자.

환난과 징벌과 모욕의 날에
"하나님 이것 좀 보시옵소서!"

고려 말에 공민왕이 개혁정치를 했던 것처럼 남유다 왕국 말기에 개혁을 단행했던 왕이 히스기야다. 때는 히스기야 왕 14년인 주전 701년경이었다. 이웃의 강국이었던 앗수르가 침범해왔다. 앗수르 왕 산헤립은 다르단과 랍사리스, 랍사게와 같은 지휘관들과 함께 대군을 보내 유다 왕국의 수도 예루살렘을 포위하고 위협했다(왕하 18:17). 그런데 이미 얼마 전에 앗수르 왕이 직접 참전한 전쟁에서 히스기야 왕은 패배를 인정하고, 은 삼백 달란트와 금 삼십 달란트를 조공으로 바쳤다. 성전과 왕궁 곳간에 있는 은과 성전 문의 금, 성전 기둥에 입힌 금까지 벗겨 모두 앗수르 왕에게 주어야 했다(왕하 18:13-16). 이런 수치와 굴욕을 겪었다.

이후 히스기야 왕의 유다가 애굽을 의지하면서 반역을 시도하자 재차 침입했던 것이다. 앗수르 군대의 지휘관 랍사게는 유다 왕국을 향해 다시 협박과 모욕을 퍼부었다(왕하 18:17-35). 히스기야 왕은 이런 심각한 상황을 위기로 인식했다. 무시하거나 부인할 수도 없었다. 히스기야는 이미 왕궁 책임자인 엘리야김과 서기관 셉나, 사관 요아가 전해준 랍사게의 모욕을 다 듣고 있었다. 하나님을 모욕하고 유다의 왕과 백성들을 조롱한 그 저주를 듣고는 옷을 찢고 굵은 베옷을 입었다. 그렇게 분노와 슬픔을 표현했다. 그리고 왕궁 책임자와 서기관과 원로 제사장들을 선지자 이사야에게 보냈다.

히스기야 왕이 이사야 선지자에게 전한 말을 들어보자. "오늘은 환난과 징벌과 모욕의 날이라. 아이를 낳을 때가 되었으나 해산할 힘이 없도다. 랍사게가 그의 주 앗수르 왕의 보냄을 받고 와서 살아 계신 하나님을 비방하였으니 당신의 하나님 여호와께서 혹시 그의 말을 들으셨을지라. 당신의 하나님 여호와께서 그 들으신 말 때문에 꾸짖으실 듯하니 당신은 이 남아 있는 자들을 위하여 기도하소서"(왕하 19:3-4).

그러자 하나님은 이사야 선지자를 통해 히스기야 왕에게 말씀하셨다. "여호와의 말씀이 너는 앗수르 왕의 신복에게 들은 바 나를 모욕하는 말 때문에 두려워하지 말라. 내가 한 영을 그의 속에 두어 그로 소문을 듣고 그의 본국으로 돌아가게 하고 또 그의 본국에서 그에게 칼에 죽게 하리라 하셨느니라"(왕하 19:6-7).

이후 앗수르 왕 산헤립은 립나와 싸우던 중 돌아가던 랍사게의 군대와 만났고, 구스 왕 디르하가가 앗수르와 전쟁하려 한다는 보고를 받고는, 다시 히스기야에게 편지를 전하는 사자를 보냈다. "네가 믿는 네 하나님이 예루살렘을 앗수르 왕의 손에 넘기지 아니하겠다 하는 말에 속지 말라. 앗수르의 여러 왕이 여러 나라에 행한 바 진멸한 일을 네가 들었나니 네가 어찌 구원을 얻겠느냐. 네 조상들이 멸하신 여러 민족 곧 고산과 하란과 레셉과 들라살에 있던 에덴 족속을 그 나라들의 신들이 건졌느냐. 하맛 왕과 아르밧 왕과 스발와임 성의 왕과 헤나와 아와의 왕들이 다 어디 있느냐"(왕하 19:10-13).

이것이 앗수르 왕 산헤립이 히스기야에게 보낸 편지의 내용이었다. 내용을 보라. 앗수르 왕이 하나님을, 그동안 멸망시킨 나라와 종족의 신들과 비교하고 있다. 여러 신이 무력했던 것처럼 유다 백성들이 믿는 하나님은 절대 유다 왕국을 구원할 수 없을 것이라 조롱하고 있다. 하나님에게 속지 말라고 모욕하고 있다.

히스기야의 '하나님 전상소'가 바로 여기에 등장한다. 이때 히스기야는 앗수르의 왕이 보낸 두루마리를 들고 하나님의 성전으로 갔다. 거기에서 그 글을 여호와 하나님 앞에 펴놓았다. 그리고 기도했다. 이것이 무슨 뜻인가? 하나님이 보시라는 것이다. "하나님, 저의 이 딱한 사정을 보시옵소서." 심각한 위기 상황과 안타까운 현실을 인정하면서 자신의 그 딱한 사정을 하나님께서 보시라는 것이었다. "이것 좀 보십시오, 하나님!" 하나님이 그 두루마리 글의 내용을 모르지 않으시지만 히스기야 왕은 일종의 증거를 제시한 것이다. 확실한 물증을 제시하며 하나님께 기도했던 것이다.

'하나님 전상소'는 시위와 다르지 않다. 앗수르 왕의 두루마리는 시위대의 피켓이었다! 사람들이 다 보라고 눈에 띄게 만들어 놓은 현수막이었다. 하나님이 그 내용을 모르실 리가 없었지만 그래도 보여드려야만 했다. 하나님은 물론 다 아시지만 나는 답답한 걸 어쩌는가? 하나님께 보여드리지 않으면 다른 어느 누구에게 보일 수 있는가? 아무에게도 보여줄 수 없다. 이 간절함과 절박함, 답답함, 대안 없음, 무기력함을 이해할 수 있는가? 히스기야인들 그런 일을 하고 싶었겠는가? 하기 싫지만 어쩔 수 없이 해야만 하는 리더의 고민을 우리가 읽어야 한다. 내가 하지 않으면 다른 어느 누구도 할 수 없는 일이었다. 그래서 히스기야는 그 편지를 하나님 앞으로 가지고 갔다.

간절한 기도 상소문에 담긴
하나님 인식

하나님 앞에서 히스기야가 기도했다. 이 기도야말로 실제적인 '하나님 전상소'이다. 하나님 앞에 보여드린 산헤립의 편지는 그저 눈에 보이는 증거물이었지만 히스기야의 기도야말로 하나님께 올리는 상소문으로 손색없는 명기도문이었다.

"그룹들 위에 계신 이스라엘의 하나님 여호와여
주는 천하만국에 홀로 하나님이시라.
주께서 천지를 만드셨나이다.
여호와여 귀를 기울여 들으소서.
여호와여 눈을 떠서 보시옵소서.
산헤립이 살아 계신 하나님을
비방하러 보낸 말을 들으시옵소서.
여호와여 앗수르 여러 왕이 과연 여러 민족과
그들의 땅을 황폐하게 하고
또 그들의 신들을 불에 던졌사오니
이는 그들이 신이 아니요 사람의 손으로 만든 것
곧 나무와 돌 뿐이므로 멸하였나이다.
우리 하나님 여호와여 원하건대
이제 우리를 그의 손에서 구원하옵소서.
그리하시면 천하만국이 주 여호와가 홀로
하나님이신 줄 알리이다"(왕하 19:15-19).

히스기야가 기도를 시작하면서 하나님을 부르고 있다. 그런데 하나님을 부르는 그 이름이 독특하다. 자기가 가진 문제를 모두 하나님께 올려드리면서 그 하나님이 어떤 분인가 묘사하는 일은 중요하다. 그 호칭 속에 하나님을 어떤 분으로 알고 있는지 보여주는 신관(神觀)이 담겨 있다. 당신은 하나님을 어떤 분으로 알고 있는가? 히스기야는 이렇게 기도를 시작했다.

"그룹들 위에 계신 이스라엘의 하나님 여호와여 주는 천하만국에 홀로 하나님이시라. 주께서 천지를 만드셨나이다."

먼저 히스기야는 하나님을 하늘에 있는 천사들 사이에 계신 분이고, 또한 이스라엘의 하나님이라고 기도한다. 하늘에 계신 능력의 주이신데 이스라엘, 곧 그들 가까이에 늘 계신 하나님이시기도 하다는 말이다. 그 이스라엘의 하나님이 어떤 분이신가? 그분은 주인이시다. 또한 천하만국에 홀로 하나님이신 분이라고 기도한다. 하나님은 천지를 만드신 분이기 때문이다. 이렇게 기독교의 신관은 유일신론이다. 물론 세상에서 사람들이 다른 헛된 신들을 섬기고 있다는 사실을 부인하지 않는다. 하나님이 만드신 피조물을 신으로 알고 우상 숭배하는 어리석은 사람들이 많다. 하지만 유일하게 영향력 있고 신다운 신은 한 분

하나님뿐이라고 히스기야는 담대하게 선언한다.

우리가 기도할 때는 하나님이 어떤 분이신가를 알아야 한다. 그분이 온 세상의 창조주이심을 인정하고, 또한 나와 가까운 곳에 함께 계시는 분임을 찬양하면서 기도해야 한다. 기도하면서 우리는 자신이 인식하고 있는 하나님을 묘사하고, 그 하나님을 찬양하고 감사할 수 있다. 히스기야는 바로 이렇게 자신이 이해하는 하나님께 영광을 돌리면서 기도를 시작했다.

히스기야는 이후 자신과 이스라엘 백성들에게 고통을 안겨준 앗수르 왕 산헤립이 어떤 짓을 했는지 소상하게 아뢰고 있다. 앗수르 왕의 비방을 하나님이 귀 기울여 들으시고 눈을 떠 보시라고 했다. 거기 기록된 대로 이방의 왕이 하나님을 훼방한 그 모든 망발을 하나님이 들으시라고 했다. "여호와여 귀를 기울여 들으소서. 여호와여 눈을 떠서 보시옵소서"(왕하 19:16). 그들이 이웃의 모든 나라와 땅을 황폐하게 한 것, 하나님께서 택한 백성들이 사는 유다 왕국을 이렇게 침범한 그 못된 행동을 히스기야는 다 아뢰고 있다(왕하 19:17-18).

이것은 일종의 고자질이다. 자식이 밖에 나가서 놀다가 해코지하는 힘센 녀석을 때려 달라고 아빠에게 달려와 이르는 것과 같다. 아버지가 나보다 힘이 세니 충분히 그 녀석을 혼내주실 줄 믿는 것이다. 아버지를 믿으니 그렇게 고자질할 수 있다.

이렇게 기도하는 사람은 기도를 받으시는 하나님에 대해서 제대로 알면 바람직한 기도를 할 수 있다. 그분이 어떤 분인지 알아야 한다. 하나님을 알면 제대로 기도할 수 있듯이 기도하는 대상을 알아야 기도를 제대로 할 수 있다. 우리의 기도는 요즘 뉴에이지운동의 단골 메뉴인 명상과 다르다. 명상은 기도의 대상이 없는 것으로 범신론적이다. 이 세상이 신이고, 나도 신이며, 모든 것이 온통 다 신이라는 주장으로 자기 수양을 하면 행복에 이른다고 한다. 기도를 하긴 하는 데도 기도의 대상이 없다. 그러나 기독교에는 기도의 대상이 분명하게 있다. 태초부터 스스로 존재하신 분, 전능하신 분, 온 세상을 만드신 분, 나에게 세밀한 관심을 가지고 내 생각과 몸짓 하나하나를 다 아시는 분, 바로 그분 하나님께 기도하는 것이다.

또한 히스기야는 앗수르 사람들이 그들의 신들을 불에 던졌다고 했다. 이것은 앗수르가 정복전쟁을 하면서 망한 나라의 신상들을 불에 던지는 행태를 가리킨다. 전쟁에서 승리한 앗수르 군사들은 피정복 국가의 우상들을 분류해서 금과 귀금속으로 장식한 값비싼 우상들은 자기 나라로 가져갔다. 그래서 승리의 기념물로 그들의 신전에 바쳤다. 그러나 나무로 만든 우상들은 불살라버렸다. 이런 태도는 자신들의 신만이 참되고 능력 있는 신이며, 다른 신들은 모두 하찮고 힘없는 신으로 여겼다는 것을 보여준다.

히스기야는 앗수르의 이런 태도를 하나님께 소상하게 이르고 있다. 미주알고주알 상세한 보고를 하는 것이다. 그러면서 여호와가 참된 신이심을 입증하기 위해서는 앗수르를 패망시켜야만 한다고 제안하면서 하나님께 하소연했다. 결국 하나님만이 참 신이심을 친히 입증하시라는 기도를 히스기야가 하고 있다.

"우리 하나님 여호와여 원하건대 이제 우리를 그의 손에서 구원하옵소서. 그리하시면 천하만국이 주 여호와가 홀로 하나님이신 줄 알리이다"(왕하 19:19).

이 기도는 하나님만이 구원자이심을 드러내시라고 하나님을 압박하는 것 같은 느낌이 든다. "하나님, 이런 기도는 이미 약속하신 것이니 들어주셔야 하지 않겠습니까? 안 들어주시면 하나님이 자승자박되는 것입니다. 그렇게 하려면 마음대로 하십시오. 저는 손해 보는 것이 없습니다." 짝발을 짚고 한쪽 다리는 흔들며 건들거리는 모습이 연상된다. 그런데 히스기야는 당연한 기도를 하고 있는 것이다. 하나님만이 천하에서 홀로 하나님이시라는 것을 당연히 하나님이 입증하셔야 하는 것이다. 그것은 하나님만이 하실 일이라고 기도했다.

결국 하나님은 히스기야의 기도를 들으셨다. 하나님은 18만 5천 명이나 되는 앗수르 군대를 하룻밤에 몰살시키셨다. 그 엄청난 대군이 모두 죽고 말았다. "아침에 일찍이 일어나 보니 다

송장이 되었더라." 그리고 앗수르 왕 산헤립도 치명적인 패전을 한 이후 자기 나라에 돌아가 신전에서 경배할 때 부하들에게 암살당하고 말았다(왕하 19:35-37).

지금은 은퇴한 한 목사님의 설교 중에서 들은 이야기이다. 그분이 젊은 목회자 시절에 부목사들이 모여서 신문을 보며 정치인들을 욕하고 있었다고 한다. 그런데 담임목사님이 그 자리에 오시더니 부목사들이 보던 신문을 들고는 조용히 나가는 것이었다. 나중에 여쭈어보았더니 담임목사님은 기도실에 가서 그 신문을 펴놓고 하나님께 기도하셨다는 것이었다. 막장 정치인들의 한심한 행동이 담긴 사진과 기사를 하나님께 보여드리면서 기도하셨다는 말을 듣고 뜨끔했다. 정말 바람직한 자세는 막 가는 정치, 답답한 세상을 놓고 불평하고 욕하는 것이 아니다. 그 문제를 하나님의 손에 올려드리고 기도하는 것이다. 그러면 하나님이 정의롭고 공의롭게 판단하여 바람직한 해결책을 주신다. 전화위복의 은혜도 허락하신다.

하나님은 간절한 기도에 언제나 응답하시는가?

사도 바울에게는 기도 제목이 있었다. 주님의 교

회를 위한 기도 제목들이 늘 있었지만 이것만은 자신을 위한 기도 제목이었다. 여러 계시를 받고 은사를 많이 받은 바울이 자만하지 않도록 하나님이 자신의 몸에 '가시'를 주셨다고 한다. 그 가시를 가리켜 '사탄의 사자'라고 표현한다. 얼마나 고통이 컸으면 자기의 그 고통거리가 '사탄의 메신저'라고 말했겠는가? 극심한 육체적 고통이었을 것이다. 바로 이 고통이 떠나가기를 하나님께 기도했다(고후 12:7-8).

여러 학자들은 이 가시에 대해서 심한 안질이거나 간질이었을 것이라고 생각한다. 바울의 눈에 심각한 질병이 있었을 것이라고 추정할 수 있는 근거는 성경에도 있다. 사도 바울이 갈라디아 교인들의 호의에 감사하면서 이렇게 표현했다. "너희가 할 수만 있었더라면 너희의 눈이라도 빼어 나에게 주었으리라"(갈 4:15). 또한 바울이 편지에 서명할 때는 큰 글자로 썼다(갈 6:11). '가시'가 안질을 말하는 것은 아닐지라도 바울의 시력에 문제가 있었던 것은 틀림없었다.

그런데 안질이든 간질이든 간에 두 질병은 말씀을 전하고 오랜 기간 여행하면서 선교하는 바울에게는 치명적이었다. 설교하다가 간질 증상으로 발작이 일어나 쓰러진다고 생각해보라. 안질이 있어 눈이 충혈되고 눈곱이 끼고 눈물과 진물이 흐른다고 생각해보라. 설교하면서 청중과 눈을 한 번 마주치는 일도 쉽지 않았다면 순회선교사였던 바울에게는 심각한 질병이었다.

사도 바울은 자신의 질병으로 인해 세 번 간구했다고 한다(고후 12:8). 세 번 기도했다는 것은 딱 세 차례 기도했다는 뜻만은 아니었을 것이다. 또 '간구' 했다고 하는데, 그 단어는 특별한 기도를 말한다. 목적이 있어서 간절할 수밖에 없고 기도시간이 길 수밖에 없으며, 격한 반응으로 소리를 지르기도 하고 눈물이 흐르기도 하는 기도를 의미한다. 왜 아니었겠는가? 세이레나 40일과 같은 일정한 기간 동안 하나님이 알아들으실 만하도록 최선을 다하는 방법, 즉 금식이나 철야 등과 같은 극한의 방법을 활용하여 기도하는 것을 '한 번 기도했다'고 보면 된다. 바울이 이런 기도를 세 번 했다.

바울은 너무나 큰 고통을 겪었다. 그 육체의 심각한 고통이 없어져야 복음을 전하는 선교 사역을 잘 해나갈 수 있었을 것이다. 설교를 한 번 해도 고통이 없으면 더 잘할 수 있었다. 선교지를 옮겨 다녀도 더 효과적으로 활동하면서 복음을 전하는 일을 잘할 수 있었을 것이다. 그래서 하나님께 간절히 기도했다. 그런데 하나님이 그 고통을 제거해주지 않으셨다. 하나님은 바울의 기도를 들어주지 않으셨다.

더구나 바울의 경우는 거절된 응답이 너무나 가슴 아팠을 것이다. 바울은 응답받지 못해 자존심이 상하거나 괴로운 정도가 아니라 비난과 조롱을 받을 수도 있었다. 바울은 사람들의 병을 이적으로 고치는 하나님의 은사를 받았던 사람이다. 열병과 이

질에 걸린 노인도 고쳤고 수많은 병자들을 고쳤다(행 28:8-9). 천막 만드는 일을 할 때 두르던 앞치마를 가져가서 사람들에게 얹으면 병이 나을 정도였다(행 19:11-12). 심지어 3층 창문에 걸터앉아 있다가 떨어져서 목숨이 끊어진 청년을 살리기도 했다(행 20:9-10).

그런데 바울이 자신의 병은 고치지 못했다는 것이다. 이것은 심각한 자가당착이 아닌가? 얼마나 자존심이 상했겠는가? 자기 마당을 쓸고 난 후 남의 마당을 쓸어야 하지 않느냐고 사람들이 비난했을 것이다. 이런 어려움을 알고 있었기에 바울은 더욱 간절히 하나님께 기도했을 것이다. 그래서 이런저런 이유로 극심한 고통을 받던 가시를 제거해달라고 기도를 할 만큼 했던 바울이 받은 응답은 우리를 당황스럽게 한다. 예수님이 이렇게 응답하셨다. "내 은혜가 네게 족하도다. 이는 내 능력이 약한 데서 온전하여짐이라"(고후 12:9).

간절히 기도했더니 하나님이 침묵하지 않고 응답해주셨다. 그런데 그 답이 거절이었다. 그래서 더욱 마음 아픈 것이다. 몰입하여 힘들게 기도했건만 자신의 심각한 고통이 사라지지 않았다. 그 가시가 빠져야 고통에서 해방되는데 가시가 여전히 자신을 괴롭히고 있다. 이때 어떻게 해야 하겠는가? 바울은 예수님이 응답하신 말씀에 수긍했다. 주님이 자신에게 주신 은혜가 충분하다는 말씀을 인정했다.

내가 문제 하나 없고 아픔도 좌절도 없으며, 그저 언제나 승승장구, 폼 나는 삶을 사는 것만이 최선인가? 그렇게 하는 것이 하나님께 영광을 돌리는 일인가? 성경에서는 세상의 사람들이 말하는 성공, 일터에서도 완벽하고 가정에서도 완벽한 사람을 성공한 사람이라고 말하지 않는다. 우리는 완벽하기 힘들다. 내 능력은 약해도 하나님은 능력 있는 분이시기에 내가 약한 때에 오히려 예수 그리스도의 능력이 나와 함께할 수 있다는 것을 깨닫는 게 성경에서 말하는 진정한 성공의 삶이다.

러시아 작가 도스토예프스키는 프랑스식 유토피아적 사회주의에 심취했다. 그러자 러시아의 차르(제정 러시아 시대의 황제를 일컫는 말)가 그냥 두지 않았다. 도스토예프스키가 참석했던 모임의 사람들이 구금되고, 도스토예프스키는 8년의 중노동이 선고되었다. 그렇게 구금되어 있는데, 어느새 도스토예프스키의 형벌이 총살로 바뀌어 있었다. 한 겨울에 동료 죄수들과 함께 사격 분대 앞에 세워졌다. 군대 지휘관이 신호를 보내니 사제 한 사람이 각 사람에게 자신이 들고 있는 십자가에 입 맞출 기회를 주었다. 그리고 세 명의 죄수가 앞으로 끌려 나가 말뚝에 묶였다. 다음 차례가 도스토예프스키였다. 죽음 직전에 정말 미칠 것 같은 고통을 겪었다. 그런데 어디선가 북소리가 들렸다. 퇴각의 북소리였고, 사격 분대가 총을 내리고 죄수들의 두건을 벗겼다. 그렇게 도스토예프스키와 동료들은 사형에서 감면되었다. 아마도 차르의 너그러움을 강조하는 사형감면 퍼포먼스였을 것이다.

이 사건이 있은 직후 도스토예프스키는 형제에게 편지를 보내면서 그 고통스러웠던 자신의 경험을 표현했다. "인생은 선물이야. 이제 나는 새롭게 태어났어. 이제 다시는 소망을 잃지 않고 영혼과 마음을 순결하게 유지할 거야. 이전보다 더 나은 사람으로 거듭날 거야. 이게 내 소망이자 위로야." 그리고 8년간 시베리아에서 유형생활을 하면서 소설을 구상했고, 오늘날 우리가 보는 수많은 작품을 남겼다. 철학, 사회학, 문학, 인문학을 하는 사람들 중 도스토예프스키 전집을 다 읽는 로망을 실천하는 사람들이 있다. 70년 동안 계속된 소련의 억압 속에서도 기독교 신앙이 살아 있도록 한 작품들이 바로 도스토예프스키의 소설이라고 평가받는다(찰스 콜슨, 헤럴드 피케트 공저, 「이것이 인생이다」 (서울: 홍성사, 2017), 53-57쪽).

도스토예프스키는 이렇게 고통 속에서 멋지게 고통에 반응하면서 인생에서 아름답게 승화시킨 성공과 행복의 열매를 가지고 있다. 그런데 함께 사형에서 감면받은 동료들은 어땠을까? 그 죽음의 고통 앞에서 마음을 추스르지 못하고 미친 사람들이 있었다. 그들은 자신에게 주어진 고통에 대한 반응을 제대로 못한 안타까운 사람들이었다. 도스토예프스키도 그렇게 새로운 생명을 얻은 일에 대해서 감격하고 반응했지만, 이후 작가로 살아가면서 치명적인 도박중독에 빠졌고 끝내 벗어나지 못했다. 우리의 인생 자체가 이렇게 안타까운 것이다.

아마도 도스토예프스키와 비슷한 고통을 겪었을 바울은 거절된 기도 응답의 기쁨을 이렇게 표현한다.

> "그러므로 도리어 크게 기뻐함으로 나의 여러 약한 것들에 대하여 자랑하리니 이는 그리스도의 능력이 내게 머물게 하려 함이라. 그러므로 내가 그리스도를 위하여 약한 것들과 능욕과 궁핍과 박해와 곤고를 기뻐하노니 이는 내가 약한 그때에 강함이라"(고후 12:9-10).

약한 때 강하다니 말도 안 되는 이야기처럼 들린다. 나약해보이고 핑계를 대는 것 같아 보인다. 그러나 이것이 예수 그리스도 안에서 우리 그리스도인들이 누리는 진정한 긍정의 힘이다. "하나님의 약속은 얼마든지 그리스도 안에서 예가 되니 그런즉 그로 말미암아 우리가 아멘 하여 하나님께 영광을 돌리게 되느니라"(고후 1:20). 성경은 예수님 안에서 얼마든지 가능하다고 말한다. 예수님 안에서 '예스!'이다. 그래서 바울은 "내게 능력 주시는 자 안에서 내가 모든 것을 할 수 있느니라"(빌 4:13)고 감옥 안에서 담대히 선언할 수 있었다.

자신의 약한 것을 오히려 자랑하는, 이해하기 힘든 기쁨이 바로 기독교의 묘미이다. 여전히 약하고 부족하고 연약한 모습이 우리에게 있어도, 그 약함을 주님의 손에 올려드릴 수 있는 것이 우리의 특권이다. 간절한 기도를 거절당했어도 그런 부족한 나의 모습을 주님이 기쁘게 보시고 은혜를 주신다.

우리도 히스기야 왕처럼 '하나님 전상소'를 활용할 수 있어야 한다. 어려움은 우리 인생에 너무도 당연하게 늘 있다. 위기를 알려주는 알람은 늘 울린다. 직업인으로서 꼭 해야 하는 일인데도 불안하고 답답한 일들이 있다. 새로운 프로젝트 기획서, 부담스러운 실적 보고서, 실패한 시제품 같은 것들 말이다. 재무제표를 가지고 가서 하나님께 보여드릴 수 있다. 까다로운 고객들의 불편불만 사항은 어떤가? 그것들을 가지고 하나님 앞으로 가는 것이다. 그것을 펴놓고 하나님이 보시라고 하면서 기도하는 것이다.

이것은 주술이거나 무속의 잔재가 아니다. 나의 절박한 문제를 주님께 올려드린다는 상징이자 사인이다. 내가 무엇을 해보려고 조바심을 내는 것이 아니라 하나님께 모두 맡긴다는 전적 의뢰의 자세이다. 히스기야 왕이 하나님을 전적으로 의지하는 기도를 통해 전화위복의 은혜를 얻은 것처럼 우리도 얼마든지 몰입하는 기도를 통해 위기를 돌파할 수 있다.

한편 바울처럼 간절한 기도가 거절될 때 누리는 은혜도 역시 귀하다. 하나님의 거절 역시 기도 응답으로 감사하며 받을 수 있어야 한다. 내가 약할 때 하나님이 강하게 역사하심을 깨닫는 은혜를 기쁘게 맛볼 수 있다. 그렇게 주님의 뜻에 수긍하며 복음사역을 감당했던 바울처럼 우리도 거절을 통해서도 역시 인생의 전화위복의 은혜를 누릴 수 있을 것이다.

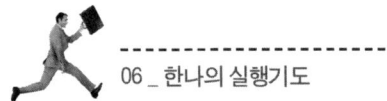
06 _ 한나의 실행기도

마음을 쏟아놓으라!
행동하여 기도를 이루라!

어느 날, 한 목사에게 젊은이가 오더니 이렇게 부탁했다.
"목사님, 제가 다니는 직장에는 문제가 너무 많습니다. 문제없는 직장을 하나 소개해주세요."
그러자 목사는 흔쾌히 허락했다. 마침 생각나는 직장이 있는데 차를 타고 함께 가자고 했다. 목사는 젊은이를 차에 태우고 드라이브를 하면서 시외로 벗어나더니 공동묘지 앞에서 차를 세웠다. 그러곤 청년에게 이렇게 말했다.
"바로 여기가 문제가 하나도 없는 직장입니다. 아무 문제도 없는 직장!"

문제없는 사람은 없다. 문제없는 가정도 없다. 걱정거리가 없는 것은 문제가 뭔지를 모르는 것이다. 문제없는 교회도 없다. 그런 교회를 찾다보면 하늘나라에 가 있을 것이다. 이 세상의 교회는 전투하는 교회이고, 아무 문제없이 평온한 교회는 천상의 교회에서나 찾을 수 있다. 문제없는 일터도 당연히 없다. 인생의 문제는 때로 심각한 고통거리일 수도 있다. 고통 중에 가장 큰 고통은 앞날이 보이지 않는 것이다. 오늘 비록 고되더라도 미래에 대한 희망이 분명하고 비전이 있으면 견딜 만하다. 그런데 앞날이 보이지 않으면 그것은 참으로 큰 문제이자 고통이 아닐 수 없다. 그렇게 당연하게 있는 문젯거리와 고통거리를 어떻게 대해야 하는가?

인생이 고통스러울 때
당신은 기도하는가?

한 여인의 고통에 감정이입을 해보자. 이 여인은 앞날이 보이지 않았던 여인이다. 고통받던 여인이었다. 그녀는 '한나'라는 이름을 가진 여인이었다. 구약성경의 사사 시대에 에브라임 지파인 엘가나라는 사람의 아내였는데, 엘가나는 한나만이 아니라 브닌나라는 아내를 더 두었다(삼상 1:1-2). 브닌나는 자식들이 있었는데 한나에게는 자식이 없었다. 한 남편에 두 명의 아내가 있다는 것은 이 집안의 도덕적인 문제였지만 한나의 고민은 더욱 실존적인 것이었다. 한나의 문제는 무엇이었는가?

매년 절기 때마다 가족이 성막이 있던 실로로 가서 제사를 드리곤 했는데, 그때 한나의 고민이 더욱 노출되었다. 한나의 문제는 우선 명절 때 가족들이 모여 식사하는 자리가 괴로웠다는 것이다. 남편 엘가나가 가족들에게 음식을 나누어주면서 사랑하는 아내 한나에게는 다른 가족들보다 두 배의 음식을 주며 배려했지만 정작 한나는 먹고 마시는 일이 즐겁지 않았다. 아이를 낳지 못한다고 시앗인 브닌나가 절기 때마다 작심하고 한나를 조롱하며 업신여겼다. 그래서 한나는 명절 때마다 고통의 눈물을 흘려야 했다.

더욱 고질적인 문제가 한나의 마음을 고통스럽게 했다. 한나의 별명은 '올해나'였을까? 올해는 아이를 낳을 수 있을까? 아니, 한 해 단위가 아니라 한 달 단위로 한나는 절망을 반복했을 것이다. 한나는 아이를 낳고 싶었는데 임신하지 못했다. 원인은 한나에게 있었다. 남편의 다른 아내였던 브닌나에게는 자식들이 있었다. "아들들과 딸들"(her sons and daughters, NIV)로 적어도 넷 이상이었다(삼상 1:3). 그러니 불임의 원인이 한나에게 있는 것이 틀림없었다. 하나님이 한나를 임신하지 못하게 하셨다고 분명하게 기록하고 있다(삼상 1:5). 따라서 시간이 흐를수록 한나의 인생이 어두워졌다. 나이 들면 임신이 점점 더 힘들어지는 것은 당연한 일, 그러니 한나는 비전 없는 인생이었다. 당시의 가정에서 출산을 통해 대를 잇는 일의 중요성을 생각해보면 한나의 인생은 그야말로 딱한 인생이 아닐 수 없었다.

한나의 이 처절한 고통에 공감이 되는가? 남편이 명절에 음식을 다른 가족들의 두 배나 주면 뭐하는가? 남편 엘가나는 한나를 아껴주는 척하면서도 정작 아내의 마음은 몰랐던 것 같다. 우는 한나를 향해 엘가나가 이렇게 말했다. "한나여 어찌하여 울며 어찌하여 먹지 아니하며 어찌하여 그대의 마음이 슬프냐. 내가 그대에게 열 아들보다 낫지 아니하냐"(삼상 1:8). 그런데 엘가나의 말은 아내의 아픈 마음을 제대로 파악하고 위로해주지 못했다. "당신에게 나만 있으면 되지 뭐가 문제냐?"라는 말은 그저 남편들의 보편적인 허세일 뿐이었다. 한나는 간절하게 아들을 낳고 싶었다. 남편의 말처럼 열 아들도 바라지 않았다. 하나면 충분했다. 아들 하나만이라도 낳아야 했다. 그래서 비웃는 브닌나에게 그 아들을 보여주어야만 찢겨진 자존심을 세울 수 있었다.

이 고통스러운 여인의 고통에 공감하며 오늘 우리 자신을 생각해볼 수 있다. 우리도 인생을 살면서 한나와 같은 심각한 문제를 만날 수 있다. 고통을 겪을 수 있다. 먹고 마시는 일이 즐겁지 않고, 오히려 가족들을 만나는 명절이 더욱 두려운 사람들이 있다. 오래도록 풀리지 않는 청년실업의 현실 속에서 명절을 피하고 싶은 젊은이들의 마음을 이해할 수 있다. 그저 아들을 낳기만 하면 모든 문제가 해결될 것 같은데, 그것이 어려운 현실 속에서 고민이 깊어지는 안타까운 사람들이 많다. '올해나? 내년에나? 그다음 해라도 확신만 있다면 기다려볼 텐데…'

인생에서 문제가 있을 때, 앞날이 보이지 않아 고통스러울 때, 그때 우리는 무엇을 하는가? 인생의 고통을 해결하는 방법이 무엇인가? 고통스러운 명절 식사를 마친 후 한나가 했던 일을 우리도 배울 수 있다.

> "그들이 실로에서 먹고 마신 후에 한나가 일어나니 그때에 제사장 엘리는 여호와의 전 문설주 곁 의자에 앉아 있었더라. 한나가 마음이 괴로워서 여호와께 기도하고 통곡하며"(삼상 1:9-10).

한나는 마음이 괴로워 견딜 수 없을 때 하나님께 기도했다. 이 뻔한 정답을 다시 한 번 확인할 수 있다. 고통스러운 때는 기도해야 한다. 그 밥에 그 나물이고 획기적인 일이라곤 하나도 없는 것 같아서 답답해도 이만한 정답은 없다. 그런데 여기서 우리는 기도의 새로운 면모를 발견할 수 있다. 한나의 기도를 보라. 한나는 괴로울 때 기도했다. 기도를 시작했다. 이점이 중요하다. 괴로울 때 우리가 할 수 있는 일이 무엇이 있는가? 우울하고 망가지고 좌절하거나 반발하고 분노하기만 하면 안 된다. 기도를 시작하는 것, 이것이 중요하다. 고통스러울 때 기도하는 확실한 대안을 가진 한나는 하나님의 사람이었다. 이런 사람을 '크리스천'이라고 한다.

괴로운 때는 기도를 시작해야 할 때다. 이 사실을 우리가 꼭 기억해야 한다. 문젯거리, 고통거리는 신호이다. 하나님이 우리의 기도를 원하시는 신호이다. 고통의 한 가지 기능은 우리의 삶에 간섭하시고 우리가 좀 더 가까워지기를 바라시는 하나님의 사인이라는 것이다. 그래서 고통거리는 기회이다. 삶을 다시 회복시킬 수 있는 기회이다.

정말 고통스러운 사람이 기도를 시작하면 그 기도는 곧 통곡이 된다. 정말 그의 인생이 괴로운가, 그렇지 않은가 하는 것은 기도하는 모습과 자세를 보면 안다. 인생에서 고통을 겪는 사람은 한나처럼 통곡하게 되어 있다. 괴로울 때 하나님 앞에서 통곡하라. 기도를 시작하면 통곡할 수 있다. 어떤 사람 앞에서 마음껏 울 수 있었는가? 울 수 있는 사람을 찾았다고 문제를 해결해서 효과를 본 적이 있는가? 우리는 하나님 앞에서 마음껏 통곡할 수 있다.

그런데 여기서 그치면 안 된다. 통곡하며 눈물 흘리는 감정의

표출로 끝나는 것이 아니다. 한나에게 배워보자.

"서원하여 이르되 만군의 여호와여 만일 주의 여종의 고통을 돌보시고 나를 기억하사 주의 여종을 잊지 아니하시고 주의 여종에게 아들을 주시면 내가 그의 평생에 그를 여호와께 드리고 삭도를 그의 머리에 대지 아니하겠나이다"(삼상 1:11).

한나는 기도하면서 서원(誓願)했다. 하나님이 아들을 주시면 그 아들이 하나님 앞에 헌신하는 삶을 살게 하는 나실인이 되게 하겠다고 서원했다. 이것은 의지적인 결단이다. 고통의 순간에 이렇게 하나님께 약속할 수 있다. 우리 인생의 정말 중요한 갈림길에서 주님이 허락하시는 것을 하나님께 드리겠다고 헌신할 수 있다. 하나님이 나에게 주시는 인생의 그 열매를 하나님께 드리겠다고 고백하라.

이래서 고통은 기회이다. 헌신할 수 있는 기회이다. 고통의 때만큼 헌신하고 봉사하며 하나님의 나라를 섬기기 좋은 때가 없다. 기회를 놓치지 말고 헌신하라. 이것이 바로 우리가 추구해가는 우리 인생의 비전이다. 하나님의 나라와 하나님의 의를 먼저 구하는 헌신이다(마 6:33).

이런 의지적인 결단 없이 고통의 시간이 지나간다면 아까운 것이다. 고통 없는 인생은 없고, 문제없는 사람이 없는데, 내게 문제가 생겼을 때 그저 시간이 흘러가게 둔다면 그것은 아까운 기회를 못 살리는 일이다. 하나님이 자신의 태를 닫아 임신하지 못하게 하심을 알고 있던 한나는 하나님께서 자신을 돌아보시고 생각해주시기를 기도하고 있다. 자신을 잊지 말아달라고 기도하고 있다. "만군의 여호와여 만일 주의 여종의 고통을 돌보시고 나를 기억하사 주의 여종을 잊지 아니하시고 주의 여종에게 아들을 주시면"(삼상 1:11). 한나는 모든 상황을 알고 있었다. 자신이 아들을 낳기 위해서는 하나님이 생각해주셔야만 한다는 사실을 알고 있었다. 전에 하나님이 닫혔던 라헬의 태를 열어 요셉이라는 아들을 낳게 하신 사실을 한나는 분명하게 알고 있었다. "하나님이 라헬을 생각하신지라. 하나님이 그의 소원을 들으시고 그의 태를 여셨으므로 그가 임신하여 아들을 낳고"(창 33:22-23).

한나는 하나님을 향한 믿음을 가지고 기도했다. 더구나 한나는 라헬처럼 언니와 아들 낳기 경쟁에서 이기고 싶은 욕심도 없었다. 라헬이 요셉을 낳은 후의 상황을 창세기는 이렇게 기록한다. "(라헬이) 이르되 하나님이 내 부끄러움을 씻으셨다 하고 그 이름을 요셉이라 하니 여호와는 다시 다른 아들을 내게 더하시기를 원하노라 하였더라"(창 30:23-24). 라헬이 하나님의 은혜로 낳은 아들 '요셉', 그 이름의 뜻은 '더함'이었다. 하나님이 내게 아들을 더 많이 낳게 해달라는 기도의 심정을 아들의 이름에 담았는데, 그것은 세상적인 탐욕이었다. 아들을 여섯 명이나 낳은 언니와 경쟁해서 이기도록 많은 아들을 더 낳길 바랐다. 결국 라헬은 그렇게도 바라던 아들을 또다시 낳긴 했으나, 그 욕심이 화가 되어 난산으로 세상을 떠나고 말았다(창 35:19).

그런데 한나는 하나님이 아들을 주시면 평생 나실인이 되는 헌신을 하게 하겠다고 서원했다. 나실인의 서원은 자기 몸을 구별하여 하나님께 드리겠다는 서약이었다. 술을 마시지 않고 머리카락을 자르지 않으며 부모와 형제자매가 죽은 때라도 시체를 만지지 않겠다는 서약이었다. 그렇게 하여 거룩하신 하나님께 죄와 구별된 거룩함을 드리는 율법 규정이었다(민 6:1-8). 그런데 나실인은 보통 한 달 이상의 일정한 기간을 정해서 하는 것이 보통이었지만 한나는 자신의 아들이 평생 나실인으로 하나님께 온전히 헌신하게 하겠다는 서원을 한 것이다.

기도하며 당신 자신을
하나님의 손에 올려드려라

이런 헌신의 서원이 즉흥적이고 감정적인 것인지 확인하는 게 중요하다. 한나의 서원은 충동적인 서원이 아니었다는 점을 확인할 수 있다. "그가 여호와 앞에 오래 기도하는 동안에 엘리가 그의 입을 주목한즉"(삼상 1:12). 오래 기도하는 것이다. 고통을 당해서 시작한 기도, 통곡하게 되는 기도는 오래 해야만 한다. 한나처럼 시간적으로 오래 해야 할 뿐만 아니라 지속적으로 오랜 기간 기도할 필요가 있다. 오래 기도하면 통곡하는 기도가 '침묵기도'로 바뀐다. 입술은 계속 무언가 말하는 것 같은데 목소리는 들리지 않는다. 소리가 들리지 않으니 더욱 애처롭고 간절하다. 그리고 침묵기도는 술에 취한 것처럼 보일 만큼 간절한 심정을 토로하는 '가슴기도'로 바뀐다. 입술이 아닌, 머리가 아닌, 가슴으로 기도하게 된다. 심장으로 기도한다.

우리도 문젯거리를 위해 기도할 때는 오래 기도해야 한다. 한나가 말하는 대로 여호와 앞에서 우리의 심정을 통해야 한다(삼상 1:15). 이렇게 하나님 앞에 심정을 통했다는 것은 "하나님께 나의 영혼을 쏟아 부었다"는 뜻이다. 오래 기도하면 가능하다. '가슴기도'를 하면 하나님께 영혼을 쏟아 부을 수 있다. 하나님께 영혼을 쏟아 부으면 인간적인 요인들로 인해 방해를 받아도 이겨낼 수 있다.

고통을 토로하며 성막에서 하나님께 기도할 때 한나의 그 안타까운 문제를 제사장인 엘리가 알아차리지 못했다. 제사장 엘리는 한나가 술에 취한 줄 알았다. 언제까지 그렇게 취해 있겠느냐고, 포도주를 끊으라고 야단을 쳤다(삼상 1:13-14). 나의 안타까운 문제로 인해 하나님께 간절하게 기도할 때 주변 사람들이 몰라줘도 탓하거나 서운해 하지 말아야 한다. 직접 이야기하지 않으면 사람들은 잘 모르는 것이 정상이다. 부부 간에도 말을 안 하면 잘 모른다. 그러니 몰라준다고 토라지지 말고, 알아주기를 원한다면 이야기해야 한다.

여하튼 한나는 엘리 제사장을 원망하지 않았다. 해마다 절기 때마다 올라왔고, 엘가나의 가정에서 반복되는 갈등이었지만 제사장은 몰라주었다. 그래서 차근차근 자신의 상황을 엘리 제사장에게 이야기했다. "내 주여 그렇지 아니하니이다. 나는 마음이 슬픈 여자라. 포도주나 독주를 마신 것이 아니요 여호와 앞에 내 심정을 통한 것뿐이오니 당신의 여종을 악한 여자로 여기지 마옵소서. 내가 지금까지 말한 것은 나의 원통함과 격분됨이 많기 때문이니이다"(삼상 1:15-16). 한나는 기도를 제대로 할 줄 아는 사람이었다. 몰라주는 제사장에게 기도 제목을 구체적으로 알렸다.

이후 한나는 인생의 고통이라는 심각한 문제를 위해 기도하는 사람의 모범적인 자세를 보여주고 있다. 한나는 하나님의 기도 응답 시스템에 적극적으로 수긍했다. 한나가 자신의 변호와 함께 제시한 기도 제목에 대해 엘리 제사장이 이렇게 답했다. "평안히 가라. 이스라엘의 하나님이 네가 기도하여 구한 것을 허락하시기를 원하노라"(삼상 1:17). 인사처럼 건네는 축복의 멘트였지만 하나님이 응답하실 것이라는 선언이었다. 한나가 제사장의 말을 하나님의 말씀으로 받았다.

"당신의 여종이 당신께 은혜 입기를 원하나이다 하고 가
서 먹고 얼굴에 다시는 근심 빛이 없더라"(삼상 1:18).

한나는 엘리 제사장의 축복을 기꺼이 받았고, 기쁘게 믿었다. 비록 엘리 제사장이 나이도 많았고 눈도 잘 안보이며 제대로 상황 판단도 하기 힘들어 한나의 마음을 몰라주었지만, 제사장이 선언하는 그 약속의 성취를 따라 하나님이 자기의 기도에 응답해주실 줄 믿었다. 그래서 한나는 가서 음식을 먹고 얼굴에서 근심 빛을 거두었다. 이런 한나의 믿음을 우리가 배울 수 있어야 한다. 간절히 기도한 사람이 하나님의 응답을 확신하면 더 이상 근심하지 않는다. "가서 먹고 얼굴에 다시는 근심 빛이 없더라."

하나님께 제대로 기도하는 사람은 염려하지 않으며, 모든 것을 다 아시는 하나님이 주시는 평강의 은혜를 얻는다는 사실을 한나는 사도 바울이 기도에 관한 중요한 교훈을 주기 전에 이미 입증해주고 있다. "아무것도 염려하지 말고 다만 모든 일에 기도와 간구로 너희 구할 것을 감사함으로 하나님께 아뢰라. 그리

하면 모든 지각에 뛰어난 하나님의 평강이 그리스도 예수 안에서 너희 마음과 생각을 지키시리라"(빌 4:6-7).

기도했다면 일하라!
당신이 행동하여 기도를 이루라!

이렇게 한나는 기도에 대한 의미 있는 교훈을 분명하게 보여주고 있다. 문제가 있을 때 우리가 할 일은 바로 기도라는 것이다. 고통 가운데 하나님에게 마음을 쏟아놓는 기도에는 우리 인생의 실존이 담겨 있다. 우리가 겪는 문제에 대해 기도하면 우리의 비전을 점검할 수 있다. 우리가 하는 기도 속에 우리의 실존과 비전을 담아야 한다. '무엇이 고민이었고, 어떻게 기도했는가?' 이것이 우리의 비전이고 우리 인생의 소명이다. 고통받으며 괴로워한 그 아픔의 깊이가 우리 인생의 원숙함이다. 우리가 10년 후, 20년 후에 어떻게 살 것인가는 오늘 우리가 어떤 문제와 고통을 고민하며 하나님에게 기도했는지를 통해 알 수 있다.

그런데 기도하기만 하면 만사가 다 해결된다고 강조하는 사람들이 있다. 하지만 기도만 하면 다 끝나는 게 아니다. 간절히 기도했다면 해야 할 일이 있다. 일하고 행동하는 것이다. 절기 제사를 마치고 돌아온 후 한나의 가족에 대해 성경은 이렇게 기록한다. "그들이 아침에 일찍이 일어나 여호와 앞에 경배하고 돌아가 라마의 자기 집에 이르니라. 엘가나가 그의 아내 한나와 동침하매 여호와께서 그를 생각하신지라"(삼상 1:19). 아들을 달라고 기도한 후 집에 돌아온 한나가 한 일은 무엇인가? 기도했던 한나는 남편과 동침했다. "엘가나가 그의 아내 한나와 동침하매."

아마도 이날 밤이 엘가나와 한나 부부의 결혼생활 중 최고의 밤이었을 것이다. 결혼식 첫날밤보다 더욱 신경 쓴 밤이었을 것이다. 기도하며 부부의 사랑을 나누는 밤이었을 것이라고 상상해본다. 기록은 엘가나가 아내 한나와 동침했다고 하며 엘가나가 주도권을 가진 것으로 기록하고 있지만, 아마도 한나가 더욱 적극적이었을 것이다. 왜 그런가? 한나는 고통스러워서 그 문제로 기도했고 서원했으며 마음을 하나님에게 쏟아 부은 장본인이었기 때문이다. 그러니 더욱 간절하지 않았겠는가? 혹시 한나가 브닌나에게 임신이 잘되게 하는 잠자리 비법이 있는지 자존심을 굽히고 물어봤을지도 모르겠다.

'동침했다'는 단어 하나를 가지고 이렇게 무리한 상상을 해도 괜찮은가? 기도한 사람이 행동한 것을 잘 보여주는 표현이기 때문에 괜찮다. 사무엘서 기자가 이 사실을 강조하고 있다. 아들을 바라고 기도했던 한나가 남편 엘가나와 동침하지 않았다면 하나님의 응답은 없었을 것이다. 기도했다면 행동해야 한다. 노력해야 한다. 기도하고 일해야 한다.

그럼 언제까지 노력해야 하는가? 바로 하나님이 생각해주실 때까지 애써야 한다. "여호와께서 그를 생각하신지라." 하나님이 기억해주실 때까지는 계속 기도하며 노력해야 한다. 하나님이 사인을 주시는 때가 틀림없이 있다. 성소 순례를 마치고 집에 돌아와 엘가나가 한나와 동침했다는 기록이 바로 나와서 한나와 엘가나가 집으로 돌아온 그날 밤에 한나가 잉태했다고 볼 수도 있다. 그런데 그렇지 않을 수도 있다. 꽤 많은 시간이 흘렀을 수도 있다. 예전에 아브라함은 75세에 후손을 주겠다는 약속을 받았지만 25년 만에 아들을 낳았던 일을 기억해보면 된다. 때로 응답이 더딜 수도 있지만 응답하시는 그때까지, 하나님이 생각해주시기까지 우리는 계속 기도하며 노력해야 한다.

이렇게 기도하고 일하는 사람들이 역사를 이룬다. 이래서 하나님에게 기도하는 사람들이 일하는 사람들이라는 말이 성립 가능한 것이다. 교회의 역사는, 인류의 역사는 이렇게 하나님에게 기도하는 사람들이 성취해왔다. 기도하지 않는 사람이 일을 잘할 리가 없다. 기도하는 사람이 일을 이룬다. 기도만 하고 행동하지 않는 사람은 많다. 우리 주변에 널려 있다. 그런 사람들을 부러워할 것도 없다. 간절히 하나님에게 기도하면서 모든 것을 맡기고 최선을 다해 노력하며 행동하는 사람, 이런 멋진 사람을 '크리스천'이라고 한다. 우리는 기도하고 일하는 멋진 크리스천이 될 수 있어야 한다.

하나님이 생각해주신 한나는 때가 이르매 결국 잉태해서 아들을 낳았다. "한나가 임신하고 때가 이르매 아들을 낳아 사무엘이라 이름하였으니 이는 내가 여호와께 그를 구하였다 함이더라"(삼상 1:20). 한나는 태어난 아들의 이름을 '사무엘'이라고 지었는데, 이것 또한 매우 중요하다. 사무엘이라는 이름의 뜻은 '하나님께 구하였다'이다. 하나님께 기도해서 낳은 아들이라는 고백을 담고 있다. 한나가 간절히 기도하며 기다리던 아들의 이름을 이렇게 지은 의도가 무엇일까 생각해보자. 한나는 자신이 한 서원을 이행하겠다는 다짐을 아들의 이름 속에 심었다. '사무엘은 여호와께 구해서 얻은 아들이다. 하나님께 드릴 아들이다. 평생 나실인으로 구별된 삶을 살게 될 아들이다.' 사무엘의 이름이 이런 뜻을 담고 있다. 이것은 약속을 지키겠다는 한나 쪽의 반응이었다. 한나는 여호와께 구해서 낳았다는 이름을 지어 부르면서 자신의 비전을 공개적으로 선언했다. 사무엘의 이름을 부를 때마다 그 사실을 상기했다.

이렇게 아들을 하나님께 드릴 결심을 한 것은 좋은데, 어떻게 드릴 수 있었을까? 어린 아들을, 그것도 젖을 막 뗀 아들을 어떻게 하나님께 드릴 수 있었을까? 사무엘을 드리면 다른 아이들을 더 낳는다는 보장도 없었다. 나중에 사무엘을 성막으로 보내고 시간이 흐른 후 엘리 제사장이 엘가나와 한나를 축복해서 세 아들과 두 딸을 더 낳게 하셨다(삼상 2:18-21). 이렇게 하나님께 사랑하는 아들을 제대로 드리기 위해서 한나는 두 사람을 설득해야 했다. 자신은 이미 확신을 가지고 있었지만 먼저 남편을 설득하는 일이 중요했다. 사무엘을 낳은 후 한나는 당분간 절기 때 가족들과 성막에 함께 가지 않았다. 한나는 아이를 젖 뗀 후에 여호와 앞에 영원히 있게 할 것이니 절기 때는 올라가지 않겠다고 남편에게 양해를 구해서 허락을 받았다(삼상 1:22-23).

그런데 이 과정이 그리 쉽지는 않았을 것이다. 사무엘의 아버지 엘가나는 사랑하는 조강지처에게서 얻은 아들인 사무엘이 다른 자식들보다 늦게 태어났더라도 장자라고 생각했을 것이다. 과거에 야곱이 요셉을 장자로 본 것을 보면 아내가 여럿인 남자들의 심리를 대략 이해할 수 있다. 엘가나는 그런 귀한 아들을 성소로 보내고 거기에서 평생 살게 하고 싶었을까? 요즘식으로 말하면 일종의 전임사역을 하게 하는 것인데, 그렇게 마음을 비우는 일이 처음부터 쉽지는 않았을 것이다. 아마도 한나가 남편을 설득하며 자신의 생각을 공유했을 것이다.

또한 한나는 한 사람을 더 설득해야 했다. 바로 어린 아들 사무엘이었다. 남편을 설득하는 것보다 오히려 더 힘든 일이었을 것이다. 하나님을 향한 열정을 가진 사람들이 한 달이나 일정한 기간을 정해서 특별한 헌신을 하는 나실인의 규례를 평생 지키게 하는 것은 보통일이 아니었다. 부모 자식 간의 천륜을 제대로 지킬 수도 없는 특별한 헌신이었다. 누구도 제대로 해본 적이 없었다. 사사 삼손이 평생 나실인으로 살아야 했지만 처절하게 실패했다(삿 13:3-5). 삼손은 시체를 만지지 말아야 했으나 자신이 찢어 죽인 사자의 몸에서 취한 꿀을 먹었고, 술이 빠지지 않는 잔치를 일상적으로 즐겼으며, 블레셋 사람들에게 사로잡혀 머리를 밀리고 말았다. 이제 사무엘이 평생 참된 나실인의 본보기를 보여야 했다.

그래서 아마도 한나는 사무엘이 자라면서 말을 알아듣게 되었을 때부터 나실인에 대해 가르치면서 자신의 비전을 공유했을 것이다. 그래서 한나가 젖 뗀 사무엘을 성막으로 데리고 가서 그곳에서 나실인의 삶을 살게 하는 과정을 사무엘서는 이렇게 설명한다.

"한나가 이르되 내 주여 당신의 사심으로 맹세하나이다. 나는 여기서 내 주 당신 곁에 서서 여호와께 기도하던 여자라. 이 아이를 위하여 내가 기도하였더니 내가 구하여 기도한 바를 여호와께서 내게 허락하신지라. 그러므로 나도 그를 여호와께 드리되 그의 평생을 여호와께 드리나이다 하고 그가 거기서 여호와께 경배하니라"(삼상 1:26-28).

이후에 사무엘은 성막에서 하나님을 경배하는 삶을 살았다. 그것을 이렇게 표현한다. "아이 사무엘이 엘리 앞에서 여호와를 섬길 때"(삼상 3:1). 어린 사무엘이 이렇게 했다는 것은 결코 쉬운 일이 아니었다. 틀림없이 한나가 그렇게 되도록 노력했을 것이다. 아들을 양육하며 여러 차례 말하고 알려주었을 것이다.

이렇게 한나는 남편과 아들 사무엘에게 자신이 가진 비전을 설명하고 이해시키기 위해 부단히 노력했을 것이다. 남편이 "오직 여호와께서 그 말씀대로 이루시기를 원하노라"고 말하는데 어떻게 한나가 "여보, 이 아들 사무엘은 말고, 하나님이 또 한 아들을 낳게 해주시면 그 아이를 바칩시다"라고 말할 수 있었겠는가? 물론 그런 마음이 들지 않았다면 한나는 사람이 아니었을 것이다. 아들 사무엘이 "엄마, 나 젖 떼면 성소에 가서 엄마 아빠와 헤어져 혼자 살아야 하는 거지요?"라고 물어볼 때 가슴이 찢어졌을 것이다. 슬픈 표정을 감추려고 노력했을 것이다.

또한 한나는 기도 응답을 받았을 때 자신이 했던 서원을 지키기 위해 노력하면서 좋은 모범 한 가지를 보여준다. 앞에서도 말한 대로 한나는 사무엘을 낳은 후에는 매년제와 서원제 때 성소로 가는 가족들과 동행하지 않았다. 아이를 젖 떼거든 영원히 여호와 앞에 있게 할 것이기 때문이라고 말했는데, 그것이 충분한 이유가 될까? 나중에 평생 헌신을 위해 성소에 갈 때는 가더라도 절기 때는 가족들과 함께 성소에 갔어야 하지 않는가? 그런데 왜 한나는 그렇게 하지 않았을까? 한나가 지혜로웠기 때문이다. 사무엘을 데리고 성소에 가지 않은 이유는 시앗 브닌나에게 복수하지 않기 위해서였다. 물론 보란 듯이 아들 사무엘을 데리고 가서 브닌나에게 복수하고 싶은 마음이 들었을 것이다. 과거에 브닌나에게 당한 일을 생각하면 열 번이라도 그렇게 하고 싶었을 것이다. 그러나 한나는 그럴 가능성을 피했던 것이라고 생각할 수도 있다.

우리가 인생에서 이룰 비전은 결코 '복수'가 아니다. 내가 겪었던 가난에 대한 분풀이가 아니다. 나를 무시했던 사람들에게 보란 듯이 보여주고 싶어 과시하는 허영도 아니다. 내 어머니의 한을 풀어드리는 일도 아니다. 그런 복수를 하려고 하면 그것이 바로 욕심이다. 우리의 비전을 이루어갈 때, 흔히 말해 성공의 길을 갈 때 이 사실을 명심해야 한다. 복수하려 하지 말고, 화해하고 감싸주며 평화하려고 노력하는 것이다. 그때 진정한 하나님 나라의 비전이 완성된다.

인생에 고통이 있을 때, 일터에 문제가 있을 때 우리는 기도할 수 있다. 고통 중에 기도하는 자가 받은 하나님의 말씀을 실천하고 행동하면 하나님이 그의 인생 비전을 이루어주신다. 우리도 우리의 인생을 하나님에게 드릴 수 있다. 한나에게 공감하며 한나처럼 살아가겠다고 결심하면 우리도 한나가 될 수 있다.

하나님 앞에서 마음을 쏟아놓으며 열심히 기도해야 한다. 기도하며 일하는 것이다. 기도하며 그 기도를 이루어내는 행동을 하는 것이 중요하다. 그러면 하나님이 우리의 문제를 통해 우리 인생의 부흥을 이루어주실 것이다. 우리의 가정이나 일터에 문제가 있어도 우리가 부르짖을 때 그 기도에 응답하시고 우리를 세워주실 것이다.

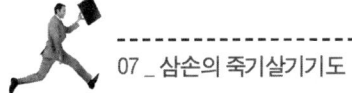

07 _ 삼손의 죽기살기기도

목숨을 거는 기도보다 중요한 일상의 기도를

성경에 기도문이 기록된 명예로운 사람들이 있다. 지역을 넓혀 주시고 근심 걱정이 없게 해달라는 기도를 해서 응답받은 '야베스의 기도'(대상 4:10)가 있다. 오늘날로 보면 사업가의 기도, 영업사원의 기도라고 할 수 있겠다. 정직하게 하시고 가난하거나 부하게도 아니 하시며 하나님을 잘 섬길 수 있게 해달라고 기도한 '아굴의 기도'(잠 30:7-9)도 많은 사람들이 좋아하는 기도문이다. 왕의 사명을 다하기 위해 듣는 마음을 달라고 훌륭한 소명기도를 했던 '솔로몬의 기도'(왕상 3:7-9)도 있다. 다윗의 기도들도 여러 차례 다양한 교훈을 준다. 예수님의 기도도 복음서 여러 곳에서 우리에게 기도란 무엇인지 가르쳐준다.

사사 삼손도 성경에 기도가 기록된 몇 안 되는 사람 중 한 사람이다. 물론 '삼손의 기도'라는 표현을 자주 들어보지는 못한 것을 보면 유명한 기도는 아닌 것 같다. 그런데 틀림없이 교훈을 담고 있다. 성경은 삼손이 했던 두 번의 기도를 다 "부르짖었다"라고 언급한다. 절박한 상황에서 올려드린 기도였다. 살려달라고 하고 죽여달라고 한 '사생결단'의 기도였다. 우리도 살아가다가 살려달라거나 죽여달라고 기도할 수 있다. 그런데 그 사람이 평생 했던 기도가 성경에 기록된 게 이런 '죽기살기' 기도뿐이라면 왜 그랬는지 호기심을 발동시켜 볼 만하지 않겠는가?

살려달라는 기도
: "목말라 죽겠으니 살려주소서!"

삼손은 하나님이 세우신 사사들이 다스리던 시대의 마지막 무렵에 20년간 사사로 지낸 사람이었다. 단 지파 출신이고 아버지 마노아와 어머니가 오랫동안 자식 없이 지내다가 늦둥이로 나은 아들이었다. 하나님의 사자가 나타나서 아들을 낳을 것이라고 예언했다. 삼손의 출생과 관련해서 하나님은 그 어머니가 술과 어떤 부정한 것도 먹지 말도록 금하셨고, 태어난 아들은 머리를 자르지 말고 나실인의 규칙을 지키는 평생 나실인으로 살아가게 하라고 명하셨다. '나실인'은 하나님을 향한 헌신을 다짐하는 율법의 규정인데, 최소한 한 달 이상 일정한 기간 헌신하는 것이었다(민 6장). 그런데 삼손은 평생 나실인으로 살아야 했다.

삼손에 대한 예언의 메시지가 인상적이다. "그가 블레셋 사람의 손에서 이스라엘을 구원하기 시작하리라"(삿 13:5). 우리가 잘 아는 대로 삼손은 힘이 장사였다. 삼손에 대해 하나님의 사자가 블레셋 사람의 손에서 구원한다고 했는데, 그 구원이 바로 삼손의 힘을 통해서 이루어졌음을 우리는 알고 있다. 삼손이 했던 기도들도 바로 블레셋과 힘겨루기를 하는 과정에서 하게 되었다.

이런 장사 삼손의 힘을 보여주는 이미지가 있다. 동물들이어서 인상적이다. 삼손은 이스라엘 군대를 이끌고 가서 블레셋 군대와 싸운 것이 아니었다. 혼자 상대해서 블레셋과 겨루었는데, 그 틈을 타서 싸움의 기회를 만들기 위해 블레셋 여인들과 결혼하고 연인 관계를 맺는 잘못을 저질렀다. 삼손의 여성 편력은 결국 그의 생애에서 아킬레스건이었던 것이 분명하다. 그 과정에서 삼손의 힘을 보여주는 여러 동물들이 등장하는 게 인상적이다.

먼저 삼손은 결혼하러 블레셋으로 가면서 힘센 사자(獅子)를 염소 새끼 찢는 것같이 제압해서 죽였다. 나중에 그곳을 지나다가 그 사자의 죽은 시체에 벌 떼가 있는 것을 보고 꿀을 따서 먹었다. 그리고 그 에피소드를 결혼식 피로연에서 하객들에게 수수께끼로 냈다. 베옷과 겉옷 30벌을 내건 일종의 도박이었다. 그 문제를 결국 삼손의 아내를 통해 풀어낸 블레셋 사람들에게 상품을 주기 위해서 삼손은 다른 마을에 가서 30명의 블레셋 사람들을 쳐 죽이고 옷을 벗겨주었다.

이후에는 삼손의 아내를 장인이 다른 사람에게 시집보냈다. 그걸 빌미로 여우 300마리를 붙잡아서 두 마리씩 꼬리를 묶고 횃불을 매달아 블레셋 사람들의 곡식밭으로 몰았다. 아직 추수를 하지 않은 곡식밭과 포도원, 감람나무들을 다 불살라버렸다. 그러자 블레셋 사람들이 삼손의 장인과 아내를 불태워 죽였다. 그랬더니 또 삼손이 블레셋 사람들 여러 명을 죽였다. 이렇게 사자와 여우라는 동물들이 삼손의 좌충우돌하는 블레셋과의 싸움에 등장한다.

그러고서 삼손이 에담 바위틈에 숨어 있자 블레셋이 전쟁을 걸어왔다. 블레셋 사람들은 삼손만 넘겨주면 전쟁하지 않겠다고 했고, 유다 사람들이 3천 명을 데리고 에담 바위틈에 가서 삼손을 설득했다. 삼손은 결국 동족에게 배신당해서 블레셋 사람들에게 넘겨졌다. 이때 레히라는 곳에서 하나님의 영이 삼손에게 임했다. 그러자 삼손이 묶였던 밧줄을 끊고 나귀의 새 턱뼈를 손으로 집어 들었다. 죽은 지 얼마 안 된 나귀의 턱뼈였다. 튼튼한 그 뼈를 가지고 블레셋 사람들 천 명을 쳐 죽였다. 그리고 삼손은 스스로 노래를 지어 불렀다. "나귀의 턱뼈로 한 더미, 두 더미를 쌓았음이여 나귀의 턱뼈로 내가 천 명을 죽였도다"(삿 15:16).

그 나귀 턱뼈를 내던진 삼손이 그곳을 '라맛 레히'라고 이름 붙였다. '턱뼈의 산'이라는 뜻이다. 나귀 턱뼈로 사람들을 죽여서 산을 만들 정도였다는 뜻이겠고, 사람들의 턱뼈가 산을 이루었다는 뜻일 수도 있다. 이때 문제가 생겼다. 혼자 적군 천 명을 상대해서 죽이다 보니 삼손의 목이 너무 말랐다. 삼손이 하나님에게 부르짖으며 기도했다. 이것이 삼손의 살려달라는 기도이다.

"주께서 종의 손을 통하여 이 큰 구원을 베푸셨사오나 내가 이제 목말라 죽어서 할례받지 못한 자들의 손에 떨어지겠나이다"(삿 15:18).

처절한 기도였다. 살고 싶어서 한 기도였다. 그런데 "제가 목마릅니다. 물을 주십시오. 과거 광야에서 이스라엘 백성들을 물 마시게 하려고 광야의 바위틈에서 물을 내신 것처럼 제게도 기적의 물을 주십시오"라는 내용의 기도가 아니었다. 급하게 물을 좀 주셔서 살려달라는 기도가 아니라 뭔가 여러 개념이 담겨 있다. '종의 손' '큰 구원' '할례받지 못한 자들의 손' 등이다. 이것이 어떤 의미인가? 이 개념들을 보니까 삼손의 어머니에게 하나님의 사자가 나타나서 알려준 예언과 연관 있어 보인다. "그가 블레셋 사람의 손에서 이스라엘을 구원하기 시작하리라"(삿 13:5). 블레셋 사람의 손, 즉 할례받지 못한 자들의 손에서 이스라엘을 구원하기 시작할 것이라고 예언된 대로 삼손이 지금 그 구원의 역사를 이룬 것이다.

그런데 뭔가 삼손의 살려달라는 기도가 부정적인 뉘앙스를 담고 있지 않은가? 자기의 손을 통해 하나님이 큰 구원을 베푸셨지만 이제 목말라 죽어 이방인들의 손에 떨어질 것 같다는 불평과 투정의 느낌이 기도에 담겨 있다. 주께서 자기의 손으로 큰 구원을 이루셨다고 기도한 것은 하나님을 찬송한 것이 아니라 그렇게 할 일은 다 했는데 왜 지금 목말라 죽게 하느냐고 항변하기 위한 도입이었다. 하나님을 향한 간절함보다 불평이 담겨 있다. 천 명의 블레셋 사람들을 쳐 죽인 일에 함께하신 하나님이 저를 더 도와주셔야 하겠다면서 간절하게 기도하지 않았다. '라맛 레히'를 보면 그 이유를 알 수 있다. "나귀의 턱뼈로 한 더미, 두 더미를 쌓았음이여 나귀의 턱뼈로 내가 천 명을 죽였도다"(삿 15:16). 삼손이 부른 승전가에 하나님의 도우심에 대한 감사와 찬송은 나오지 않는다.

"내가 했소, 내가 다 했소!"라고 너스레를 떨고 있을 때 하나님은 삼손에게 강력한 메시지를 주신 것이다. "그래, 삼손아! 나 없이도 살 만했나 보구나. 한 주먹했니? 쌈마이 삼손! 그런데 너, 나 없으면 죽어! 물 없으면 죽는다고!" 삼손을 향한 하나님의 메시지가 들리는가? 하나님 앞에서 살려달라고 기도할 때는 그저 납작 엎드려 하나님에게 간구해야 한다. 창조주 하나님의 위대하심을 찬송하면서 내가 가진 모든 것을 다 내려놓고 살려달라고 간절하게 기도해야 한다. 그런데 삼손은 그런 기도를 하지 못했다.

하나님이 레히에서 한 우묵한 곳을 터뜨리셨다. 물이 솟아나왔고, 삼손이 그 물을 마시고 정신이 돌아왔다. 그래서 그 샘의 이름을 '엔학고레'라고 불렀다. '부르짖은 자의 샘'이라는 뜻이다. 여기서 샘의 이름을 지은 것도 삼손이 아직 정신 못 차렸음을 보여준다. 내가 부르짖어서 샘물이 터진 것보다 하나님이 기도에 응답해주시고 은혜를 베풀어주신 것이 더 기념되어야 하지 않는가? '은혜의 샘'이라거나 '기적의 샘'이라고 이름 붙였다면 더 좋지 않았을까?

그런데 삼손에게는 그저 내가 부르짖은 것이 중요했다. 엔학고레! 내가 턱뼈로 산을 만든 것이 더 중요했다. 라맛레히! 우리는 나를 기념하는 것이 더 중요한 자의 기도를 본다. 나를 기념하려는 성공의 욕구이자 허세이다. 하나님이 아니라 내가 살아난다면 그 기도는 참된 기도가 아니다. 이 사사 시대에 이스라엘에 왕이 없는 상황이어서 총체적인 혼란이었다고 사사기 기자가 종종 평가하는 대로(삿 17:6, 21:25) 당시 이스라엘 사람들은 지도자라 하더라도 이렇게 하나님을 높이기보다 자신의 공로를 드러내며 제멋대로 행동했던 것을 알 수 있다.

죽여달라는 기도
: "힘을 주사 원수를 갚게 하옵소서!"

삼손의 두 번째 기도는 그의 인생 최후의 기도였다. 이번에도 들릴라라는 블레셋 여인과 연관된 삼손의 여성편력이 사건을 만들었다. 삼손은 힘의 비밀을 캐내려는 블레셋 사람들과 또 한 번 수수께끼를 하듯이 유희를 즐기다가 결국 사로잡혔다. 그래서 맷돌을 돌렸다. 삼손이야기에 동물이 많이 나왔는데, 이번에는 그 자신이 나귀와 같은 맷돌 돌리는 가축의 역할을 했다. 블레셋 사람들이 사로잡은 삼손의 두 눈을 뺐으니 괴로운 나날을 보냈을 것이다. 시간이 흘러서 삼손의 머리카락이 자라기 시작했다. 머리카락이 자랐기에 삼손에게 힘이 생긴 것이 아니라 하나님의 영이 삼손을 떠나셨다가(삼상 16:20) 이제 다시 함께하시게 된 것이다. 삼손이 하나님에게 불순종하다가 순종하니 다시금 하나님이 주신 은사, 즉 카리스마가 돌아왔다. 그래서 힘이 다시 생긴 것이다.

이제 블레셋 사람들이 섬기는 다곤 신의 큰 제사를 지내는 날, 블레셋 사람들이 삼손을 불러내 조롱하면서 자기들의 위대한 승리를 다시 한 번 만끽하려고 했다. 여기서 삼손의 마지막 기도가 나온다. 신전을 버티는 기둥을 무너뜨려서 블레셋 사람들을 죽이려고 했다. 신전의 지붕, 테라스에만 3천 명의 사람들이 있었으니 그 신전 안에는 수천 명의 사람들이 있었을 것이다. 삼손이 마지막 싸움을 계획하고 기도했다.

"주 여호와여 구하옵나니 나를 생각하옵소서. 하나님이여 구하옵나니 이번만 나를 강하게 하사 나의 두 눈을 뺀 블레셋 사람에게 원수를 단번에 갚게 하옵소서"(삿 16:28).

한마디로 이야기해서 '죽여달라는 기도'였다. 하나님에게 죽겠다고 기도했다. 블레셋 사람들의 입장으로 보면 삼손의 '자살 테러'였다. 자기의 두 눈을 뺀 원수를 단번에 갚을 수 있도록 이번만 강하게 힘을 달라고 기도했다. "주" "여호와여" "하나님이여"라며 하나님의 이름을 다 부르고 있다. "구하옵나니" "구하옵나니"라고 간절히 반복했다. "나를 생각하옵소서"라고 부르짖었다. "혹시 잊으셨습니까? 제가 잘못했습니다. 주님의 얼굴을 내게로 향하여 저를 생각해주옵소서!"

처절한 기도였다. 삼손의 마음속 생각을 한 번 상상해본다. "하나님, 저를 죽여주옵소서. 제물로 드립니다. 저들은 자기들이 믿는 다곤 신에게 제사를 지내는 날 저를 불러 자기들의 신이 저 삼손을 잡도록 해주었다고 떠듭니다. 제가 저 사람들의 헛된 제사에 제물이 되겠습니다. 아니, 제가 제물이 되어 하나님의 위대하심을 드러내겠습니다. 하나님만이 참 신이심을 입증하겠습니다. 제게 마지막 힘을 주옵소서. 제가 제물이 되겠습니다. 하나님만이 삼라만상 우주의 주인이심을 드러내는 제물이 되겠습니다. 제가 비록 눈이 빠진 흠이 있어 정결한 제물은 아니지만 제 한 몸 드려서 하나님의 이름을 열방에 드러내겠습니다."

죽여달라고 비장하게 외치는 삼손의 기도에는 많은 내용이 함축되어 있었다. 삼손은 꽤 무책임해보이는 사사로 20년간 지냈지만 자기가 무엇을 해야 하는지는 알고 있었다. 블레셋 사람들의 압제에서 이스라엘을 구원해내는 일이었다. 비록 리더십을 발휘하여 백성들과 함께 그 일을 하지는 못해 안타까웠지만 자신을 통해 이루시는 하나님의 구원이라는 인생의 목표는 분명하게 인식하고 있었다.

삼손이 첫 번째 기도에서 살려달라고 간절하게 기도한 이유는 블레셋 사람들의 손에서 민족을 구하는 사명을 다하기 위해서는 죽으면 안 되었기 때문이었다. 그래서 살려달라고 기도했다. 이번에 두 번째이자 마지막 기도에서는 죽어서라도 복수하겠다는 것이었다. 그래서 하나님의 구원역사를 드러내겠다는 간절함을 담아서 기도하고 있다. 삼손은 죽어서라도 하나님의 구원을 이루고 싶었다.

이런 의미에서는 우리가 삼손의 마지막 기도를 본받으면 좋겠다. 당신은 죽을 준비가 되어 있는가? 한 소방대원은 자기가 하는 사람 살리는 일, 그 일이 좋아서 "이 일을 하다가 죽어도 좋다"고 인터뷰를 했었고, 화재현장에서 순직했다고 한다. 안타까운 일이지만 행복한 사람이었다고 평가할 수 있지 않을까? 내가 이룰 인생의 소명, 바로 그것을 위해 인생을 거는 삶이 아름답다. 삼손은 이번만 나로 강하게 하사 블레셋 사람들에게 복수한 후 두 눈도 떠서 이스라엘로 돌아가게 해달라고 기도하지 않았다. 죽음을 각오하고 마지막으로 순종하며 인생을 걸었다. 우리가 하나님에게 기도하면서 아픈 것을 고쳐달라, 돈이 없으니 돈을 달라, 부족한 것을 채워달라, 미운 놈 좀 혼내달라 등과 같이 뭣 좀 해결해달라고만 기도하다가 인생을 마치면 너무 허무하지 않을까? 온 마음을 다해 하나님의 나라를, 하나님이 나에게 주신 사명을 다하고 간다면 보람되지 않겠는가?

우리는 예수님의 말씀을 수시로 되새겨야 한다. "너희는 먼저 그의 나라와 그의 의를 구하라. 그리하면 이 모든 것을 너희에게 더하시리라"(마 6:33). 우리는 하나님이 인생의 우선순위를 두고 살면 당연히 주시겠다고 한 '이 모든 것'에 목숨 걸고 살지는 않는가? 무엇을 먹을까, 무엇을 마실까, 몇 평짜리 집에서 살까, 승용차는 어떤 고급 차를 탈까, 그렇게 안달복달하다가 인생을 마치고 말면 너무 아쉬울 것이다! 그래서 삼손의 기도를 보면서 우리도 인생의 마지막 승부수를 띄우고 죽여달라는 기도에 감동받는다.

삼손! 선배들과 아버지에게
일상의 기도를 배웠더라면…

그런데 삼손의 살려달라거나 죽여달라는 기도는 뭔가 아쉽다. 그의 기도는 너무 극적(劇的)이었다. 드라마와 같은 상황에서만 기도했다. 삼손의 기도 자체가 큰 이적을 바라는 것이었고, 기도 응답이 놀라운 이적으로 나타났다. 우리 인생에서 이런 기도도 해야 하지만 우리가 이런 기도에만 초점을 두고 살아가면 놓치는 것이 많다. 그래서 삼손이 좀 배웠으면 좋았을 기도, 그러나 안타깝게도 삼손이 배우지 못한 기도에 대해서 우리가 추론해서 생각해볼 수 있다.

우리는 삼손처럼 위기에 처했을 때 기도해야 한다. 어려운 순간은 당연히 기도할 시간이다. 죽을 만한 위기, 인생의 마지막 순간에는 당연히 기도해야 한다. 그런데 위기가 오면 '인생기도'를 하겠다고 결심하고 살면 다른 기도는 그저 기도같이 보이지 않아 싱거울 수 있다. 그러면 우리는 기도를 제대로 배우지 못하고 인생을 마칠 가능성이 높다. 평소에 기도하지 못한 사람이 인생의 위기에 처했을 때 제대로 하나님이 원하시는 기도를 할 수 있을지도 미지수이다. 평소에 훈련이 안 된 군인이 전쟁터에서 전쟁을 제대로 수행하기 힘든 것과 마찬가지다. 평소에 공부하지 않는 학생이 시험 때 벼락치기로 좋은 성적을 내겠다는 욕심과 같다.

삼손이 배웠으면 좋겠다고 생각하는 성경 속의 기도를 가만히 생각해보았다. 그것은 바로 일상의 기도이다. 기적의 기도, 119 기도, 사생결단의 '죽기살기기도'만 하는 것이 아니라 하나님과 날마다 교제하고 소통하는 기도를 삼손이 배웠다면 좋았을 것이다. 그런 기도가 어떤 기도인가? 이스라엘 백성들의 광야생활 가운데 모세가 언약궤 앞에서 했던 기도이다. 모세는 아침에 성막 위에 있던 구름이 떠올라 언약궤가 떠날 때에는 이렇게 기도했다.

"여호와여 일어나사 주의 대적들을 흩으시고 주를 미워하는 자가 주 앞에서 도망하게 하소서"(민 10:35).

그리고 저녁에 해가 떨어져서 언약궤가 멈출 때 모세는 이렇게 기도했다.

"여호와여 이스라엘 종족들에게로 돌아오소서"(민 10:36).

광야생활에서는 아침마다 성막 위 구름의 움직임에 따라서 출발할지 말지를 결정했다. 그야말로 '하루살이' 인생이었다. 그들은 날마다 하나님의 진행신호를 보고 순종하며 살았다. 그 과정에서 모세는 하나님과 친밀하게 교제하며 기도했다. 아침에는 하나님께 "기침하셨습니까? 이제 우리와 함께 하나님이 세상에서 활동해주시기 원합니다"라며 기도했고, 저녁에는 "하나님, 돌아와 이제 좀 쉬시지요"라고 기도한 것이다. 하나님과 친밀한 기도를 했다. 하나님이 '아바마마'가 아니라 '아빠'인 것 같은 친밀함을 모세는 보여주었다. 삼손이 이 모세의 기도, 즉 광야의 기도를 배웠어야 했다.

또한 삼손은 선배 사사인 기드온에게도 배웠더라면 좋았을 것이다. 삼손보다 한 90여 년 전에 활동한 사사가 기드온이었는데, 그는 부르심을 받을 때부터 매우 소심했다. 밀 타작을 하는데 포도주 틀에 숨어서 했다. 미디안 사람들에게 빼앗길까봐 먼지가 많이 나는 타작작업을 좁은 공간인 포도주 틀에 숨어서 한 것이다.

이런 소심함 때문인지 하나님의 부르심에 확신을 갖지 못한 기드온은 하나님에게 표징을 보여달라고 했다. 그래서 기드온이 하나님에게 드리는 제물에 하나님의 사자가 지팡이 끝을 갖다 대니까 바위에서 불이 나와 그 제물을 태웠다. 그랬더니 기드온이 바알의 신당에서 바알 제단을 헐고 아세라 신상을 찍는 열정적인 행동을 했다. 그런데 막상 전쟁이 일어나서 백성들이 모이니 기드온에게 소심증과 의심병이 다시 도졌다. 이때 어떻게 해야 할까? 하나님의 일을 하려고 하지만 뭔가 미심쩍으면 그때가 바로 기도해야 하는 때인 줄 알아야 한다. 기드온이 하나님에게 기도했다. "이슬이 양털에만 있고 주변 땅은 마르면"(삿 6:37) 하나님의 말씀을 믿겠다고 했다. 하나님이 그대로 해주셨다. 그런데 기드온에게 의심이 떠나지 않았다. 그러면 어떻게 해야 하는가? 다시 기도하는 것이다.

기드온은 하나님에게 화내지 마시고 이번만 기도하겠다면서 양털만 마르고 주변 땅에는 이슬이 있게 해달라고 부탁했다. 하나님이 그대로 해주셨다. 하나님의 말씀을 잘 믿지 못한 의심이지만 우리가 기드온에게 배울 점이 있다. 뭔가 미심쩍을 때 하나님에게 기도했다는 사실이다. 또 그것도 미심쩍으면 다시 한 번 기도하면 된다. 이런 기드온을 삼손이 좀 배웠어야 했는데 삼손은 끝내 배우지 못했다. 기드온의 이야기가 이미 삼손에게도 다 알려졌을 텐데, 삼손은 역사 속에서 바람직한 교훈을 얻지 못했다. 문제가 있어 보이던 일들, 확신이 없었던 많은 순간에 기도할 수 있었다면 좋았을 텐데 그러지 못했다.

다른 여러 사람들에게 배우는 것보다 삼손이 아버지 마노아에게 배웠다면 훨씬 더 좋았을 것이다. 아버지 마노아가 삼손에게 가르쳐줄 기도가 있었다. 하나님의 사자가 삼손을 낳게 될 것이라고 알려주었을 때 마노아의 기도가 나온다. 하나님의 사자가 먼저 마노아의 아내에게 나타나서 아이를 낳을 것이라고 이야기한다. 그때 아내는 남편에게 다 말해주었다. 하나님의 사람이 내게 왔는데 하나님의 천사와 같은 모습이었고, 자기에게 임신할 것이니 태어나는 아이를 정결하게 나실인으로 키우라고 했다는 이야기를 다 해주었다(삿 13:3-7).

이때 마노아가 기도한다.

"주여 구하옵나니 주께서 보내셨던 하나님의 사람을 우리에게 다시 오게 하사 우리가 그 낳을 아이에게 어떻게 행할지를 우리에게 가르치게 하소서"(삿 13:8).

그런데 이때 마노아가 살짝 기분이 나빴을 것 같다. 왜 아이를 못 낳는 아내가 혼자 있을 때 아이를 낳을 것이라는 중요한 이야기를 해줬는가 말이다. 가장인 자신에게는 직접 말씀해주시지 않았으니 마노아가 마음이 좀 안 좋았을 것 같다는 생각이 든다. 자존심이 상하기도 하고, 그래서 미심쩍기도 했다. 사람들은 미심쩍은 구석이 있을 때 무엇을 하는가? 스마트폰 검색을 하는가? 의심이 갈 때 머리 싸매고 앉아 있어봐야 나오는 것이 별로 없다. 그때가 바로 기도할 때이다. 마노아가 그랬다. "하나님의 사람을 다시 보내주십시오." 뭔가 의심이 가고 확신이 없을 때 기도해보라. 하나님이 응답해주신다. "하나님이 마노아의 목소리를 들으시니라"(삿 13:9). 사실 하나님도, 하나님의 사자도 얼마나 귀찮았을까? 친히 내려와서 그 아내에게 다 이야기해주고 왔는데 또 오라고 요청하는 것이다. 그래도 하나님은 마노아의 기도를 들어주셨다.

그리고 마노아는 남편으로서 자신의 책임을 이행하기 위해서도 기도했다. 하나님의 사자가 말하기를 태어날 아기는 날 때부터 구별된 나실인이 될 것이라고 했다. 나실인의 규례는 특별히 헌신하면서 부정한 것을 멀리 하는 서원(誓願)을 하는 율법 규정이다(민 6장). 요즘 식으로 말하면 기도원에 들어가고 수련회를 하는 것이라고 보면 되겠다. 그런데 율법은 여인이 어떤 서원을 하면 그것을 이행할 것인지 여부를 남편 혹은 아버지가 인증하도록 규정하고 있다. 딸이나 아내가 특별한 헌신을 서원했다 하더라도 아버지나 남편이 그것은 무효라고 하면 효력이 상실되었다. 하나님이 그 여인의 서원을 이행하지 않는 것을 탓하지 않으셨다(민 30:10-16). 여성 인권을 무시하는 것이 아니라 가장의 책임을 강조하는 서원 이행의 규칙이었다. 하나님이 그렇게 규정하셨다.

마노아는 하나님의 사자가 자기의 가정에 태어날 아들에 대해 알려준 것을 다 수긍했다. 그런데 하나님의 사자가 자기 아내에게 말한 것에 대해서 남편인 자신이 제대로 알아야 지킬지, 지키지 않을지 확인할 수 있다고 본 것이다. 결국 마노아는 남편으로서 자기의 책임을 다하기 위해 다시 하나님의 사자를 보내달라고 기도했던 것이다. 우리는 마노아처럼 책임을 다하기 위해서도 기도해야 한다. 다시 보내달라고, 제게도 확실하게 알려달라고 조르면서 기도할 수 있어야 한다. 이 기도를 하나님이 응답하셨다.

그런데 다시 나타날 때도 하나님의 사자는 마노아의 아내가 혼자 있을 때 나타났다. 이것도 마노아의 입장에서는 살짝 기분이 나빴을 것이다. 그런데 이번에는 그의 아내가 현명했다. 하나님의 사자에게 잠시 기다리라 하고 남편을 불러왔다. 그래서 부부가 함께 하나님의 사자를 만나게 되었다. 마노아의 일상 기도가 이렇게 아름다운 결말을 맺고 있다.

이렇게 하나님의 자녀가 하나님에게 기도하고, 하나님은 그 기도를 응답해주시는 패턴은 참으로 중요하다. '기도와 응답', 즉 '하나님의 자녀들이 기도하고 하나님은 응답해주신다'는 이 단순하고 명쾌한 시스템은 이스라엘 백성들의 삶의 원동력이었다. 일상 속에서 대화하듯이 "내 아내에게 알려주신 것을 다시 알려주세요!"라고 기도하는 마노아의 일상 기도는 너무나 멋지다.

사사 시대에 이스라엘 백성들은 이런 일상의 기도를 잘하지 못했다. 이스라엘 백성들은 하나님을 떠나 제멋대로 살다가 이웃나라의 압제를 당할 때에야 작정하고 살려달라며 기도했다. 잘못했으니 도와달라고, 이방 민족에게 압제를 당하고 있으니 구원해달라고 절규하며 기도했다. 위기가 닥칠 때에만 하는 이런 대표적인 기도가 바로 삼손의 기도 아닌가? 일상의 기도, 소소하게 자신이 겪는 문제들을 하나님에게 아뢰고 그 내용에 대해서 응답받는 기도의 삶을 사사 시대 사람들이 잊고 있었다. 이것이 사사 시대의 영적 혼란의 비극을 초래한 원인이 아닐까 생각한다.

왜 삼손은 사자의 몸에 있는 벌꿀을 보고 그것을 먹어도 되는지 안 되는지 하나님에게 기도하지 않았을까? 나실인은 시체를 만지면 안 되는데 자기가 직접 만든 사자의 시체에 있는 꿀을 떠서 먹었다. 그런 문제에 대해서 하나님에게 기도했어야 한다. 결혼식 하객들에게 수수께끼를 낼 때는 왜 기도하지 않았을까? 기도했다면 하나님이 그렇게 하라고 하셨을까? 삼손이 좋아한 블레셋 여인 들릴라가 집요하게 힘의 비밀을 물었다. 왜 삼손은 그때 기도하지 않는가? 들릴라는 자기 힘의 비밀을 캐러 온

스파이가 분명한데, 왜 기도하지 않았는가 말이다. 삼손의 극적인 기도뿐인 인생, 그래서 비극적이었던 인생의 원인이 바로 여기에 있었다. 삼손은 꼭 했어야만 할 일상의 기도를 놓친 것이다. "쉬지 말고 기도하라"(살전 5:17)는 하나님의 뜻대로 살지 않은 것이 삼손 일생의 잘못이었다.

삼손의 기도를 통해 우리가 교훈을 얻을 수 있다. 그가 했던 살려달라는 기도, 자신의 사명을 다하기 위해 살려달라고 절규했던 기도가 주는 교훈이 있다. 죽기 전에 했던 기도, 죽어서라도 복수하겠다면서 죽여달라고 기도했던 상황에 우리가 비장한 마음으로 공감할 수 있다. 삼손은 부족했지만 자신의 투박한 방식으로 이스라엘을 구원했다. 그런 삼손의 사생결단의 기도, 죽기살기의 기도를 통해 배울 점이 있다.

그런데 사실 우리는 그런 기도를 안 배워도 할 수 있다. 삼손이 제대로 하지 못한 기도, 놓친 기도가 더 아쉽다. 누구보다 가까운 그의 아버지 마노아가 했던 기도를 삼손이 배웠더라면 그의 인생이 달라졌을 것이다. 의심이 가는 불확실한 점에 대해서 하나님에게 기도했다면 삼손의 인생은 그리 허둥대지 않았을 것이다. 자신의 책임을 다하기 위해서 다시 한 번 알려 달라고 기도했던 아버지를 배웠다면 얼마나 좋았을까? 그랬다면 삼손은 그리 경솔하게 혼자 사사의 직분을 감당한다면서 좌충우돌하지 않았을 것 같다. 이스라엘 백성들에게 인정받지 못하고 그저 복수로 점철하며 인생을 끝마치지 않았을 것이다. 삼손이 사사로서 책임을 완수하면서 무언가 다른 모습을 보여줄 수 있었을 것이다.

    삼손은 아버지 마노아의 기도를 배우지 못했다. 또한 아버지는 자식에게 잘 가르치지 못했다. 우리는 삼손의 실수를 저지르지 않기 위해 마노아의 일상기도를 배워야 한다. 모세의 광야생활 중 일상기도, 의심이 들 때 했던 기드온의 반복된 기도를 배울 수 있어야 한다. 우리도 삶의 문제들을 놓고 늘 기도할 수 있다. "주여, 알려주옵소서. 제게도 가르쳐주옵소서." 그리고 일상의 기도를 자녀들에게, 후배들에게, 다른 사람들에게 가르쳐주어야 한다. 아버지 마노아는 자기는 잘해 놓고 자식에게 가르치지 못한 것 같다. 큰 실수이다. 일상의 기도를 제대로 하는 사람은 죽기살기기도가 달라진다. 바람직한 사생결단의 기도를 할 수 있다.

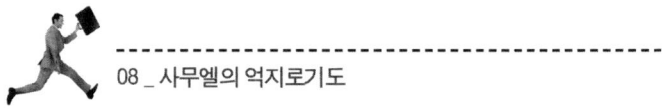
08 _ 사무엘의 억지로기도

마음에 들지 않아도 기도하면 길을 열어주신다

누구나 살다보면 화나는 일이 생긴다. 목사로 살면 화나는 일이 별로 없지 않느냐고 질문을 받기도 하는데 목사도 화나는 일이 많다. 목사로 사는 핸디캡이겠지만 화가 나도 겉으로 표현하는 경우는 많지 않은 것 같다. 애꿎은 가족들에게나 화를 내고 후회하곤 한다. 화가 나서 세상을 들었다 놨다 할 정도로 한바탕 소동을 벌이고 나면 어떤가? 자신에 대해 실망하지 않는가? 가만히 생각해보면 그럴 문제도 아닌데 왜 이 문제를 가지고 이렇게 호들갑을 떠나 자신이 미워지기도 한다. 더욱 안타까운 점은 사람들은 나이가 들면 들수록 더 자주 화를 낸다는 사실이다.

나이가 들수록 인격이 수양되어 화를 덜 내는 사람도 물론 있다. 하지만 통상 화나는 일이 자존심과 관계된 문제이기에 보통 사람들은 점점 더 자주 화를 내는 것 같다. 나이가 들수록 인정받고 싶고, 무시당하면 창피하기에 더 자주 분노하게 된다.

중요한 점은 현실이 이렇더라도 우리는 화만 내고 있으면 안 된다는 사실이다. 화가 나도 무언가 제대로 할 수 있어야 한다. 사도 바울은 "분을 내어도 죄를 짓지 말며 해가 지도록 분을 품지 말고 마귀에게 틈을 주지 말라"(엡 4:26-27)고 교훈한다. 죄 짓는 화도 있지만 그렇지 않은 화도 있다는 것이다. 화를 낼 때도 우리는 죄를 짓지 않기 위해 노력해야 한다.

일터사역의 관점으로 성경 속 인물들의 기도를 생각하다 보니 화가 났을 때도 기도한 사람이 있었다. 화가 많이 난 선지자 사무엘을 통해 내키지 않아도 해야 하는 기도, '억지로 하는 기도'에 대해 살펴보려고 한다. 일하는 사람이 해야 하는 기도 가운데 중요한 사례가 될 수 있으리라 생각한다.

화가 나고 복잡하고
심각한 문제 앞에서

아직도 세계 뉴스를 다루는 것을 보면 쿠데타나

정권이 급작스럽게 바뀌었다는 소식을 들을 수 있다. 남의 이야기를 할 것 없이 지난 2016년 가을에 우리나라도 대통령 탄핵 사건을 겪었다. 정치인들에게 있어 정권의 정체성에 대한 국민들의 거부는 꽤 심각한 문제가 아닐 수 없다. 정권을 교체하려는 국민들도 화가 나지만 당사자들도 정말 화나는 일을 겪을 것이다. 이렇게 정치적인 격변의 상황에서 화가 나는 상황을 구약성경 시대의 사무엘 선지자가 겪었다(삼상 8장).

사무엘은 젊은이가 아니었고, 4~50대 중년도 아니었다. 나이가 많았다. 거의 인생 말년이었다. 이스라엘 민족의 지도자였던 사람이다. 이스라엘의 사사로 평생을 헌신했던 정치지도자였고, 이제 은퇴한 정치원로였다. 또한 하나님의 선지자이기도 했다. 사사와 선지자라는 중요한 직분들을 겸직할 수 있는가? 당시 사사 시대가 일종의 제정일치의 사회였다. 사사 시대에 선지자가 거의 없었는데, 바로 사무엘이 위대한 선지자였다. 당시 사사 시대는 하나님의 카리스마가 이스라엘을 통치하던 신정정치의 시대였다. 하나님이 성령 충만하게 기름 부으시는 사사가 전쟁에 나가 외적을 물리치고 백성들을 통치했다. 그들이 바로 사사, 즉 판관(判官)들이었다. 사무엘은 사사와 동시에 선지자이기도 했던 통합적인 기능을 가진 하나님의 지상대리인 역할을 했다고 할 수 있다.

그런데 지금 사무엘이 백성들에게 거부당하고 있다. 사태가 심각했다. 이스라엘 장로들의 요구사항이 의미심장했다. 이스라엘의 모든 장로가 모였다고 한다. 그들이 작심하고 사무엘에게 항의했다. "보소서. 당신은 늙고 당신의 아들들은 당신의 행위를 따르지 아니하니 모든 나라와 같이 우리에게 왕을 세워 우리를 다스리게 하소서"(삼상 8:5).

백성들의 이야기는 이랬다. "당신의 눈으로 상황을 보십시오. 우리를 이끌었던 사사 겸 선지자인 당신은 이미 은퇴했습니다. 당신이 사사로 세운 아들들은 둘 다 부정을 저지르면서 당신의 평생 행적과 다른 모습을 보였습니다. 이제 이런 정치체제로는 안 됩니다. 이건 시스템의 문제입니다. 이웃나라의 왕정제도를 우리도 따르게 해주십시오. 우리에게 왕을 주십시오." 이스라엘 장로들이 이렇게 항의하는 사유도 분명했다. 나라의 장래를 걱정하는 장로들의 요구는 적절했다. 분명하게 문제점을 지적하면서 대안까지 제시했다. 만약에 우리가 사무엘의 입장이 되어 백성과 장로들의 이런 요구사항을 듣게 되었다면 정말 난감했을 것이다. 한 번 사무엘에게 감정이입을 해보라.

물론 사무엘의 입장도 우리가 생각해야 한다. 사무엘은 얼마나 기분이 나빴을까? 이렇게 독백하지 않았을까 상상해본다. "아니, 내 자식들이 문제면 지금까지 이스라엘을 잘 다스려온 나에게 다시 좀 섭정(攝政)을 해달라고 해야지 말이야! 아니면 내 자식들을 타일러서 다시 시작해보자고 하던가 해야지! 사람들이 왜 이렇게 예의가 없지? 내가 어떻게 평생을 바쳐 이스라엘을 섬겼는데, 생각할수록 화나네! 뭐 왕을 세우도록 해달라고? 이건 뭐야? 이것들이 내가 평생 이스라엘을 위해서 했던 일을 뭐로 보는 거야? 날 물로 보는 거야?"

더구나 사사 사무엘은 자식들의 교육을 제대로 시키지 못했던 이유도 나름대로 가지고 있었다. 나는 사무엘이 두 아들 요엘과 아비야와 친밀한 유대관계를 갖지 못하고 아버지로서 교육을 제대로 하지 못했던 이유가 사무엘상 7장 15~17절에 기록되어 있다고 생각한다. "사무엘이 사는 날 동안에 이스라엘을 다스렸으되 해마다 벧엘과 길갈과 미스바로 순회하여 그 모든 곳에서 이스라엘을 다스렸고 라마로 돌아왔으니 이는 거기에 자기 집이 있음이니라. 거기서도 이스라엘을 다스렸으며 또 거기에 여호와를 위하여 제단을 쌓았더라."

사무엘은 사사가 전국을 순회하며 재판 등의 직무를 감당해야 하는 특성상 자기 집에 머물며 지내기가 힘들었다. 앞에 나온 세 곳의 지명인 벧엘, 길갈, 미스바만 순례했다 하더라도 사무엘이 자기 집이 있던 라마에 머무르는 기간이 일 년에 3개월 밖에 되지 않았다. 그토록 잦은 출장과 지방 순회로 인해 아버지의 책임을 다하지 못했을 것이라 생각한다. 결국 사무엘은 사사의 직무를 다하느라 가정교육을 제대로 하지 못했다는 안타까운 명분이 있었다. 이런 상황을 백성들이 십분 이해할 줄 알 있는데 전혀 고려되지 않았던 것 같다.

그래서 사무엘은 기분이 나빴을 것이다. 잠도 오지 않았을 것 같다. 선지자 사무엘이 참 불쌍하다. 잠이 오지 않는 상황, 이런 신세가 되면 참 딱해지는 것이다. 그러면 이런 상황에서 무엇을 하는가, 그것이 문제이다. 당신은 이런 상황에 무엇을 하겠는가? 화가 가라앉지 않을 때, 내가 계획하던 일이 누군가에게 가로막혔을 때, 그것도 빼도 박도 못하도록 궁지에 물렸을 때 무엇을 하겠는가? 희망이 사라졌고 대안도 모색할 여건이 아니다. 돌파구도 보이지 않는다. 그럼 무엇을 하겠는가? 생각하면 할수록 더욱 부끄럽기도 하다. 밤에 자다가도 벌떡 일어날 지경이다. 얼굴이 달아오르고 잠이 확 달아난다. 생각하면 할수록 화가 나고 자존심이 상하는 것이다. 이런 때 당신은 무엇을 하겠는가?

뻔한 정답, 그러나 쉽지 않았을 사무엘의 기도

사무엘의 이야기에서 이미 예고된 결론이 뻔하긴 하다! 정말 힘들고 괴롭고 화가 날 때 사무엘은 이렇게 했다.

"우리에게 왕을 주어 우리를 다스리게 하라 했을 때에 사무엘이 그것을 기뻐하지 아니하여 여호와께 기도하매" (삼상 8:6).

사무엘은 기분이 좋지 않은 일에 대해서, 수긍하기 힘들고 용납이 안 되는 사안에 대해서 하나님에게 기도했다. 분노가 치밀어 오르고 너무나 싫었지만 사무엘은 기도했다.

사무엘은 어쩌면 그저 습관처럼 기도했을 것이다. 물론 기뻐하지 않는 일, 내키지 않을 때만 사무엘이 기도한 것은 아니었다. 좋은 일이 있을 때, 기도하고 싶을 때도 사무엘은 기도했다. 그저 모든 문제에 대해 기도하면서 문제를 풀어가려고 하는 습관이 사무엘에게 있었다는 생각이 든다. 사무엘이 하나님의 응답을 들은 후의 기록을 보면 알 수 있다. 사무엘은 백성들에게 하나님이 하신 말씀을 다 전달했다. 왕을 세우면 여러 가지 새로운 일이 있을 것이고, 여러 가지 부담도 지게 될 것을 다 전했다. 그런 후에 사무엘은 백성들의 말을 들었다. 그 후 사무엘이 또 무엇을 했는가?

"사무엘이 백성의 말을 다 듣고 여호와께 아뢰매"(삼상 8:21).

사무엘은 다시 기도했다. 이렇게 어떤 상황에서나 기도하는 것이 사무엘의 일상적인 모습이었다. 어쩌면 이것은 습관이 된 영성이었다. 나중에 사무엘이 사울 왕을 세우고 백성들 앞에서 마지막 말을 할 때도 "나는 너희를 위하여 기도하기를 쉬는 죄를 여호와 앞에 결단코 범하지 아니하고 선하고 의로운 길을 너희에게 가르칠 것"(삼상 12:23)이라 고백하고 있다. 이렇게 사무엘이 늘 기도했다.

그런데 한 번 생각해보라. "그것을 사무엘이 기뻐하지 아니하여 여호와께 기도하매"라는 표현은 사실 말이 좀 안 된다. 어떻게 해야 말이 자연스러운가? "사무엘이 기뻐하지 아니하여 머리띠를 싸매고 누웠더라." 이래야 말이 좀 되지 않는가? "사무엘이 기뻐하지 아니하여 주먹으로 벽을 쳐서 깁스를 했더라." 이래야 뭔가 정상적인 반응인 것 같다.

"난 이런 때엔 기도 못해! 기도가 안 나와!" 우리는 보통 이러지 않는가? 그런데 이 사무엘 영감님, 이 어르신은 기도했다고 한다. 하나도 기쁘지 않은 일, 화가 나고 자존심은 상할 대로 상했고 땅에 떨어진 명예는 회복이 되지 않을 것 같은 암울한 순간, 전혀 마음에도 내키지 않을 때 사무엘은 기도했다. 내세우는 대응책이라는 것이 언제나 기도밖에 없느냐고 핀잔을 들을 것 같아도 사무엘은 기도했다는 사실이 중요하다. 오늘 우리가 이런 사무엘의 기도를 배울 수 있어야 한다.

이런 기도는 과연 어떤 의미를 담고 있는가? 우리 기독교의 기도는 범신론이나 명상종교의 '스스로' 기도와는 차이가 많다. 우리의 기도는 인격적인 하나님, 기도의 유일한 대상이신 창조주 하나님에게 드리는 기도이다. 이 문제가 내가 해결할 수 있는 문제가 아니라 하나님이 하실 일이라면서 그 문제를 능력의 주이신 하나님의 손에 올려드리는 것이다. 이것이 우리가 하는 기도의 핵심이다.

이 기도의 원리나 효과를 모르는 사람들은 비웃을 수 있다. "큰일이 닥쳤는데 할 일이라곤 하나님에게 기도할 수밖에 없다면 그것은 무책임하고 소극적인 인생이 아닌가?" 그러나 기분이 나쁘고 답답할 때 기도만한 해결책이 없다. 화가 나고 기분이 나빠 견딜 수 없을 때 기도하자고 제안한다. 앞이 보이지 않을 때 기도해야 한다. 기도는 습관적으로 나와도 된다. 위기 때 기도하는 사람은 평소에 기도하던 사람이다. 정작 기도해야 할 순간에 기도하지 못하는 사람은 평소에 기도하지 않는 사람인 경우가 많다. 평소에 기도하던 사람은 위기의 순간에도 기도한다. 도대체 답답하고 해결할 수 있는 방법이 없어 보이는 일이 앞에 있으면 다른 무엇을 할 수 있는가? 기도가 유일한 답이다. 기도가 온 세상의 창조주요, 지금도 세상을 주관하시는 우리 하나님에게 해결할 권한을 드리는 최상의 해답이다. 궁지에 몰린 우리의 가장 지혜로운 반응이다.

멋진 뮤지컬 영화 〈지붕 위의 바이올린〉(Fiddler on the Roof, 노만 쥬이슨 감독, 1971)을 보면 유대인 가장 테비에는 딸들을 데리고 중앙아시아 아나테프카에서 살아간다. 당연히 여러 가지 힘든 문제에 봉착한다. 풀리지 않고 고민할 수밖에 없는 그 문제들을 가지고 테비에는 자주 기도한다. 가난한 재단사와 결혼한 큰딸이 걱정되었다. 재봉틀도 없는 재단사 사위에게 재봉틀을 마련할 수 있게 해달라고 하나님에게 기도한다. 그에게는 우유 배달을 하는 수레를 끄는 말이 다리를 다쳐서 자기가 수레를 직접 끌어야 하는 안타까운 문제가 생긴다. 그때도 하나님이 혹시 근처를 지난다면 들러서 말의 다리를 고쳐주시기를 기도한다. 작은딸이 그리스정교 신앙을 가진 청년과 결혼하려 하자 그런 이방인과의 결혼은 안 되지 않느냐고 바로 기도하고 물론 안 된다는 응답을 받아낸다. "왜 우리 민족이 이렇게 압제를 당합니까? 우리의 이 고통이 언제나 끝납니까?"라는 심각한 고민거리를 가지고도 테비에는 하나님에게 기도했다.

이렇게 기도하는 것이 정답인데, 우리는 기도 대신에 보통 무엇을 하는가? 사도 바울이 정답을 말해준다. "아무것도 염려하지 말고 다만 모든 일에 기도와 간구로, 너희 구할 것을 감사함으로 하나님께 아뢰라. 그리하면 모든 지각에 뛰어난 하나님의 평강이 그리스도 예수 안에서 너희 마음과 생각을 지키시리라"(빌 4:6-7).

기도하지 않는 사람은 염려한다. 세상에는 두 부류의 사람이 있다. 기도하는 사람과 염려하는 사람이다. '염려'는 꽤 급수가 높은 의식적인 행위이다. '기도'와 비교되는 종교적인 행동이다. 기도하는 대신에 우리가 자주 하는 것이 바로 '염려'이다. 우리는 종종 걱정하면서 '안 되는데, 안 되는데!'라고 안타까워한다. 그러면서 그것이 기도하는 것이라고 착각하곤 한다. 그러나 염려는 결코 기도가 아니다. 그래서 클래식이 된 복음성가가 있지 않은가? "기도할 수 있는데 왜 걱정하십니까? 기도하면서 왜 염려하십니까?" 결코 염려만 하고 앉아 있지는 않겠다고 결심하면 우리는 기도할 마음의 준비를 갖춘 것이다.

억지로라도 기도하면
하나님이 길을 열어주신다

그럼 이렇게 화가 나서 마음이 답답할 때, 앞이 보이지 않을 때 기도하면 어떤 일이 생기는가? 사무엘과 이스라엘 공동체에 어떤 일이 일어났는가? 이것은 기도에 대한 하나님의 응답인데, 이걸 확인해야 우리도 설득되어 기도할 마음이 생길 것 같다.

첫째로 감정적인 문제가 해결된다. 하나님이 사무엘에게 말씀해주셨다. "백성이 네게 한 말을 다 들으라. 이는 그들이 너를 버림이 아니요 나를 버려 자기들의 왕이 되지 못하게 함이니라. 내가 그들을 애굽에서 인도하여 낸 날부터 오늘까지 그들이 모든 행사로 나를 버리고 다른 신들을 섬김같이 네게도 그리하는도다"(삼상 8:7-8).

하나님이 감정적인 문제로 고민하던 사무엘을 위로해주신 것이다. 당신은 하나님에게 이런 위로를 받아보았는가? "사무엘아! 너 기분 나쁘겠는데, 백성들이 너한테 그런 것이 아니라 나한테 그러는 거다!" 하나님이 이렇게 위로해주셨다. 우리도 기도하면 이렇게 하나님이 위로해주신다. 하나님의 이 과장법을 보라. "그들이 너를 버림이 아니요 나를 버려 자기들의 왕이 되지 못하게 함이니라." 이 나이 든 은퇴선지자를 위로하시는 하나님의 모습을 좀 보라. 사무엘의 영혼과 마음을 짓눌렀던 감정의 응어리가 하나님의 위로로 풀렸을 것이다.

둘째로 하나님이 중요한 길을 열어주신다. "그러므로 그들의 말을 듣되 너는 그들에게 엄히 경고하고 그들을 다스릴 왕의 제도를 가르치라"(삼상 8:9). 보라. 하나님께서 이 본론의 이야기를 하시려고 앞에서 사무엘의 기분을 좀 띄워주신 것이다. 이스라엘에서 사사를 통한 신정정치가 막을 내리고 왕정정치가 시작되는데 그 산파역할을 사무엘이 감당하게 된 것이다. 변화의 소용돌이가 휘몰아치는 역사적인 전환기에 가교역할을 하는 중

재자는 보람된 일을 하는 것이 틀림없다. 새로운 역사의 문을 여는 사람이기 때문이다. 그 중요한 역할을 사무엘이 했다. 기도를 하니 하나님이 이렇게 새로운 길을 보여주셨다. 서운할 때 마음을 위로받고 이렇게 구체적인 할 일을 부여받을 수 있다면 기도해볼 만하지 않은가?

물론 이 상황에서 사무엘에게 잘못이 있었다. 정체도 분명하지 않고 하나님의 뜻도 아닌 것 같은 사사의 직분을 사무엘은 자기 아들들에게 계승했다. 그것이 화근이었다. 사사는 계승되는 것이 아니지 않은가? 나중에 바울이 설교할 때도 하나님이 선지자 사무엘 때까지 사사를 주셨다고 하면서(행 13:20) 사무엘의 아들 사사 임명을 인정하지 않았다.

하지만 이렇게 잘못을 했더라도 내키지 않을 때 억지로라도 하나님에게 기도하면 자신의 잘못을 포함해서 상황을 수긍하고 수습할 마음의 여유가 생긴다. 하나님의 말씀대로 사무엘이 왕정제도의 부정적인 요인들을 열거해도 백성들은 듣지 않았다(삼상 8:19-22). 그런데 기도하는 사람은 어려운 일을 당해도 수긍할 수 있다. 기도하지 않으면서 그걸 자기 혼자 감당하려고 하면 머리가 터지고 만다. 열 받으며 주저앉아 있지 말고 기도해야 한다.

오늘 우리가 기도하지 못할 이유는 없다. 당시에 사무엘은 매우 늙은 나이였다(삼상 8:1). 나이가 많고 힘이 없어 기도하기 힘든 여건이었는데도 기도했다. 자기 아들들이 사사 역할을 잘 못해서 절망스럽고 부끄러울 때도 기도했다. 첫째 아들도 실패하고 둘째 아들도 실패했다. 더구나 똑같은 뇌물문제를 저질렀다. 아버지인 자신은 평생 이스라엘 백성들을 다스리면서 한 번도 저지르지 않은 범죄를 그렇게 자식들이 저질렀다. 그야말로 잘도 해먹었던 것이다. 사무엘은 그렇게 한심스러운 꼴을 보면서 화가 나고 기분 나쁠 때 기도했다.

그리고 그가 기도한 문제는 이스라엘 백성들을 다스리는 문제, 결국 하나님 나라의 장래문제였다. 자기 한 사람 개인의 문제가 하나님 나라의 운명이 걸린 문제였다. 오늘 우리도 그렇다. 나 하나의 앞날에 대한 문제, 우리 가정의 문제, 우리 기업의 앞날에 대한 문제가 바로 하나님 나라의 사활이 걸린 문제이다. 지금 우리나라가 겪고 있는 어려움이 곧 하나님의 나라에 관한 문제이다. 어떻게 해야 할까? 어떤 것이 우리가 갈 길인가?

내가 한 번 정직하게 잘하면 하나님의 나라가 바로 선다는 것이다. 성공하느냐, 실패하느냐 그것은 다른 문제이다. 하나님이 나의 문제를 통해 기도하게 하시고, 그래서 나를 이끄신다는 것이다. 이런 인식을 하면 우리가 기도하지 않을 수 있는가? 우리는 기도해야 한다. 내키지 않을 때, 기도할 기분이 아닐 때 특히 더욱 기도해야 한다.

성경의 역사 속에는 내키지 않아도 기도했던 사람들이 꽤 있다. 야곱은 얍복 강가에서 정말 앞이 보이지 않을 때 분노한 형에서의 화를 누그러뜨릴 방법은 다 조치해놓고 혼자 남았을 때 두려웠다. 한 사람이 와서 그와 다투며 결국 기도했다. 울며 하나님에게 매달려서 문제를 풀어냈다. 느헤미야도 민족의 좌절 앞에서, 즉 예루살렘 성벽이 무너지고 사람들이 고통받을 때 자신의 사명을 위해 기도했다. 자신의 미래가 조국의 미래라는 자부심을 가지고 기도했다. 그래서 결국 유다 총독으로 부임하여 예루살렘을 재건하고 사람들을 세웠다.

다니엘도 위기의 순간에 목숨의 위협을 받을 때 기도했다. 잘 알려진 사자굴 기도이다. 그 이전에 느부갓네살 왕 때도 왕의 꿈과 해몽까지 제시해야 했을 때 친구들과 함께 사생결단의 기도를 했다. 또한 말씀을 깨달아서 민족의 앞날을 기대하면서 다니엘은 결심하고 기도와 간구를 했다(단 9:1-4). 작정하고 기도했다. 예언 두루마리, 즉 말씀을 보며 기도했다. 기도하면서 다니엘은 70년 만에 바벨론 포로에서 석방되는 하나님의 섭리와 역사 속에서 자신이 가진 정치적인 능력을 기여했다.

빌립보서 4장 6절에서 우리는 '기도와 간구'라는 단어를 본다. 앞의 '기도'는 일상적인 기도, 뒤의 '간구'는 목적 기도를 말한다. 우리는 이 두 가지를 다 할 수 있어야 한다. 의례적으로 하는 기도, 기도회 모임, 예배시간의 기도, 나의 개인기도

시간에 우리는 기도해야 한다. 또한 특별한 목적을 가진 기도도 필요하다. 일이 터졌을 때 더욱 기도하는 간구가 우리에게 필요하다.

새벽에 못 일어나면 밤에 기도하면 된다. 간절히 기도하는 시간을 가져야 한다. 마음이 씁쓸할 때 기도하라. 시간 핑계를 대지 말고 우리는 우리의 기도시간을 가지고 있어야 한다. 새벽기도회에 못 갔다고 그날의 기도를 포기하면 안 된다. 낮에도 시간을 내서 기도할 수 있다. 온종일 묵상하면서도 기도할 수 있다. 언제라도 우리는 기도해야 한다.

우리 인생에서 왜 기도가 중요한가? 기도의 문을 여는 사람이 인생의 문을 열기 때문이다. 마음이 내키지 않아도 기도하는 사람이 하나님 나라의 새로운 문을 연다. 하나님이 알려주신다. 기도하면 내게 초능력이 생기는 게 아니지만 하나님의 뜻을 깨닫게 된다. 하나님이 알려주시는 지시사항을 알 수 있다. 그러면 지혜로워진다. 실수를 덜 하게 된다. 만약 사무엘이 기분 나쁘다고 기도하지 않고 자기 생각대로 했다면 역사가 어떻게 전개되었을까 생각해보라. 사무엘이 백성들 앞에 사과하고 그럴듯한 사사를 임명하여 다시 세웠다면 어떻게 될 뻔했는가? 하나님의 뜻은 백성들의 소원을 통해서 결국 왕정제도를 도입하려는 것이었다. 그 뜻을 놓칠 뻔하지 않았는가? 그런데 사무엘이 기도했더니 그런 실수를 하지 않았다. 사무엘이 한 기도를 통해 하나님은 기대하지 못한 아름다운 결과들을 허락해주셨다. 오늘 힘들고 어려운 시기, 답답하고 고통스러운 때에 기도라는 답, 하나님만이 유일한 해결책이라는 진리에 귀를 기울여야 한다. 우리도 기도하자. 그러면 일하는 방법을 예수님이 알려주신다.

P·A·R·T·3

기도로 사명을
감당한 사람들

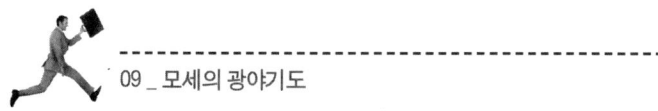

09 _ 모세의 광야기도

광야 인생에서 길을 찾기 위해 기도하라

'광야'라고 하면 만주벌판을 딛고 서서 일본의 압제를 극복하고 조국의 독립을 바라던 민족시인 이육사의 시가 기억난다. 막막한 인생길을 묘사하는 '광야 같은 인생'이라는 표현도 익숙하다. 성경에서도 그렇다. 이스라엘 백성들이 이집트의 압제에서 벗어나 해방되었다. 모세의 인도로 약속의 땅 가나안에 들어가야 했는데, 중간에 광야 사막 길에서 40년간 헤맬 때가 있었다. 그 기록이 구약성경 네 번째 책인 〈민수기〉에 잘 나타나 있다. 이 광야생활이 바로 우리의 인생을 표현해준다.

'광야'는 또한 황량하고 살벌한 우리의 비즈니스 현장을 말해주기도 한다. 그야말로 척박한 땅이다. 우리가 이기고 극복해내야 할 것들만 있지, 우리를 돕는 것은 없어 보이는 곳, 바로 광야이다. 직업인들은 오늘도 '비즈니스 광야' 한가운데서 살아가고 있다. 과연 어떻게 광야생활을 견뎌낼 수 있을까? 어떻게 해야 힘을 얻을 수 있을까? 광야를 지나야 할 때 과연 어떤 기도를 해야 하는지 광야를 지난 대표적인 사람 모세를 통해 발견해보자.

날마다 구름 따라 움직이는
광야 인생의 출퇴근 기도

이스라엘 백성들의 광야생활에 대해 민수기가 단적으로 묘사한다(민 9:15-23). 한마디로 말하면 이스라엘 백성들은 하나님 임재의 상징인 성막을 덮고 있던 구름의 움직임에 따라 살았다는 것이다. 하나님에게 제사를 드리는 장소인 성막 위에 구름이 머물러 있었다. 그런데 그 성막 위에 있는 구름이 아침에 움직이는 여부에 따라 이스라엘 백성들은 행진을 하거나 머물러 있었다. 구름이 머물러 있는 날에는 이스라엘 백성들의 진(陳)이 그 자리에서 움직이지 않았고, 아침에 구름이 성막 위에서 떠오르면 그날은 그 구름의 움직임에 따라 옮겨갔다. 저녁에는 언제나 한 장소에서 멈추어 숙영하게 된다. 그러면 다시 다음 날 아침에 구름이 어떻게 움직이는가에 따라 이스라엘 백성들의 행진 여부가 결정되었다.

참 단순해보인다. 얼마나 간단한 인생의 법칙인가? 구름의 움직임에 따르기만 하면 된다. 그러나 이것이 얼마나 불안한 삶이었겠는지 생각해보라. 그야말로 '내일 일은 난 몰라요!'의 삶이다. 민수기 9장에도 이스라엘 백성들의 가는 길을 안내한 구름에 대한 묘사가 나온다. 혹시 구름이 저녁부터 아침까지 있다가 아침에 떠오르면 그 구름을 따라서 옮겨 다녔다. 그리고 구름이 이틀, 사흘, 나흘, 한 달, 두 달, 1년이라도 거기에 머물러 있으면 이스라엘의 진영은 움직이지 않았다. 너무도 간단한 인생의 법칙이다. 그런데 하루 앞을 내다보고 계획할 수 없는 불안정한 삶이었다.

이것이 우리의 인생을 말해준다. 우리는 내일 어떻게 될지 모르는 사람들이다. 오늘 출근해서 일하는 일터에 내일도 있을지 장담할 수 없는 사람들이다. 참 단순한데 불안한 삶이 바로 광야생활이었다. 0과 1로 움직이는 이진법이고, 그야말로 OX 문제인데 쉽지 않은 것이다. 간단한데 복잡하고, 쉬워 보이는데 결코 쉽지 않다. 설렁설렁 그저 놀면서 할 수 있을 것 같았는데 사람을 힘들고 지치게 한다.

내일이 없으니 하루 앞을 계획할 수 없다. 안정된 주거지를 잡을 수 있나, 어떤 사업을 제대로 벌일 수 있나 아무것도 하지 못한다. 여긴 좀 머물러 있겠다 싶으면 바로 다음 날 떠나고, 여긴 금방 떠날 것 같은데 거기서는 한 달, 두 달, 심지어 1년, 2년도 머무르는 것이다. 이러니 어디 사람이 살 수 있겠는가 말이다. 이게 바로 광야의 인생길이다. 앞날을 예측할 수 없는 우리의 비즈니스 세계도 이와 비슷하다.

더구나 광야생활이 괴로운 이유가 또 하나 있다. 광야에서 가장 호황을 누리던 업종이 '장의사업'이었을 것이기 때문이다. 40년의 광야생활 동안 이스라엘 백성들 중에 성인들은 다 죽어야만 하는 처지였다. 이스라엘 백성들은 하나님을 제대로 신뢰하지 못했다. 조금만 더 가면 가나안 땅이었는데 거기에 스파이를 보내서 정탐을 하고는 하나님의 능력을 믿지 못하고 원망했다. 그래서 이스라엘 백성들 중에서 20세 이상의 성인들은 여호수아와 갈렙만 제외하고 아무도 가나안에 들어가지 못했다. 그러니 당시 광야에서 가장 호황을 누리는 직업은 장의사였다는 것이다.

모세가 120세에 죽고, 그의 형 아론이 123세, 그의 누이 미리암이 127세에 죽었다. 여호수아는 110세에 죽었다. 그런데 당시 20세 이상의 성인들은 광야에서 다 죽어야 했다. 40년 이내에 말이다. 당시 사람들의 평균 나이에 훨씬 못 미쳐 60세에도 늙어죽은 것이다. 그러니 사람들이 이유도 없이 그저 픽픽 쓰러져 죽었을 것이다. 예고하고 죽지 않았다. 하나님을 원망하다가 수만 명이 뱀에 물려 죽은 것처럼 죽을 일이 많은 곳이 바로 광야였다. 당시 광야생활 동안에는 내내 죽음이라는 음산함이 사회를 지배하고 있던 분위기였을 것이다. 아버지가 죽고, 삼촌이 죽고, 형이 죽고, 고모가 죽었다. 멀쩡하던 청춘이 픽픽 쓰러졌다. 재앙으로 죽고, 사고로 죽고, 실수로도 사람들이 죽어 넘어갔다.

오늘 우리 사회가 그렇지 않은가? 사람들은 예고 없이 죽으며 출생한 순서대로 죽지 않는다. 사람들은 장례식장에서 고인의 죽음을 애도하면서 자기 자신의 죽음을 생각하게 된다. 그래야 장례식이 의미 있는 것이다. 그러면 이런 쉽지 않은 삶의 환경 속에서 이스라엘 백성들은 과연 어떻게 하루하루를 살아갔을까? 그들이 내일을 예측할 수 없고 죽음이 만연한 광야에서 삶을 누릴 수 있었던 비결을 생각해보자.

그 비결이 모세의 기도에 나타나 있다. 모세는 아침에 성막 안에 있던 법궤가 떠날 때에 기도를 했다.

"여호와여 일어나사 주의 대적들을 흩으시고 주를 미워
하는 자가 주 앞에서 도망하게 하소서"(민 10:35).

하나님이 일어나 원수들과 싸워달라고 부탁하는 기도이다. '험한 세상 속에서 하나님이 친히 싸워주소서. 주께서 미워하시는 자가 바로 제가 미워하는 자입니다.' 또한 저녁에 법궤가 성막 안에서 머물 때에도 모세는 가서 기도를 했다.

"여호와여 이스라엘 종족들에게로 돌아오소서"(민 10:36).

'싸움이 끝났으니 이제 돌아오십시오. 이제 이곳 성막에 오셔서 쉬시기 바랍니다.' 이런 내용의 기도이다. 모세가 했던 아침과 저녁의 기도 내용을 한마디로 정리하면 "하나님이여, 우리와 함께해주소서!"이다. 하나님과 함께해야만 광야 인생길을 걸어 나갈 수 있다고 고백하는 것이다. 험한 이 세상을 내가 홀로 사는 것이 아니고, 내가 싸우는 것이 아니며, 우리가 믿는 하나님이 해주신다는 확신이 필요하다. 우리에게도 모세와 같은 고백이 필요하다. 하나님이 우리와 늘 함께해주시기를 바라는 기도가 필요하다.

그러면 어떻게 하나님과 함께할 수 있는가? 바로 친밀함이다. 모세는 이스라엘 백성들을 대표해서 하나님과 친밀한 사이라는 사실을 입증하고 있다. 하나님에게 문안 인사를 여쭙는 것이다. 아침에 기침하셨는지 확인하며 문안 인사를 여쭙고, 저녁에 다시 잠자리에 드시도록 자리를 봐드리는 사이인 것이다. 요즘에야 부모들이 다 큰 자식들의 잠자리도 봐주지만 예전에 우리나라 양반집의 아침저녁 모습을 그려보면 된다. 아이가 예닐곱 살만 되어도 아침에 일찍 일어나서 아버지께 기침하셨는지 여쭈면서 문안 인사를 드렸다. 저녁에 부모님의 이부자리를 펴 놓고 추운 날에는 먼저 이불 속에 들어가서 따뜻하게 한 후에 부모님이 잠자리에 드시게 했다는 효자 아들을 생각해보면 된다. 바로 그런 모습이다.

이런 친밀함이 하나님과 이스라엘 백성들 사이를 진정 아름다운 관계가 되게 하는 것이다. 하나님과 함께하는 것은 친밀함이다. 하나님을 '아바마마'로 부르는 공식적인 관계가 아니라 하나님을 '아빠'라고 부르는 친숙한 관계이다. 이런 친밀함이 바로 하나님과 이스라엘 백성들을 하나로 묶는 끈이었다. 그 친밀도를 확인하는 방법이 있다. 그것은 하나님과 얼마나 이야기를 나누는가로 확인할 수 있다. 우리가 하나님과 대화하는 일은 중요하다.

결혼한 부부는 티격태격하다가도 나이가 들어가면 서로 비슷해지는 부분이 많아진다고 한다. 인상이 닮아가기도 한다. 부부가 닮는 것은 과학적으로도 입증된다. 남자는 남성 호르몬만 가진 것이 아니라 여성 호르몬도 가지고 있다. 여성도 마찬가지다. 그런데 나이가 들면서 남성은 여성 호르몬의 분비가 많아지고, 여성은 남성 호르몬의 분비가 많아진다. 그러니 남자는 점점 여성스러워지고, 여자는 점점 남성스러워진다.

'이야기를 하는 것'은 아무래도 여성성의 특징이 더 많다고 볼 수 있다. 그러나 남자들도 나이가 들면 말이 많아진다. 이것은 여성스러워지는 것이고, 또한 성숙해지는 것이다. 이런 이야기를 보여주는 영화가 있다. 페드로 알모도바르 감독의 스페인 영화 〈그녀에게〉(Talk to Her, 2015 재개봉)이다. 이 영화의 화두는 바로 '이야기'이다. 발레를 하다가 교통사고가 나서 코마상태에 빠진 여인이 있다. 그 여인을 사모하던 남자는 간호사가 되어 그 여인을 돌봐준다. 씻겨주고 돌봐주며 지저분한 것도 마다하지 않고 4년 동안이나 지극정성을 다한다. 그 남자는 끝없이 이야기를 통해 그 의식 없는 여인과 교감하려고 한다. 그것이 바로 사랑이다. 발레리나였던 여인 대신 발레 공연을 보고 와서 이야기를 해주고, 유명한 연극배우의 사인을 받아와서 보여주면서 앞에서 듣기라도 하듯 자상하게 이야기한다. 여자가 좋아하던 무성영화를 보고 와서 그 내용을 다 이야기해준다.

이렇게 이야기하는 것이 사람 사이의 사랑이고, 아울러 하나님과 사람 사이의 사랑이기도 하다. 하나님과 사람 사이에 친밀하게 이야기를 나누는 것이 바로 기도이다. 기도는 복잡한 것이 아니라 하나님에게 말씀을 드리고 듣는 것이다. 이야기를 나누는 것이다. 기도시간에 이야기를 나눌 수 있다. 출근할 때 짧은 말씀을 가지고 묵상하며 하나님과 대화할 수 있다. 일하면서 하나님이 우리의 일터에도 함께하신다는 사실을 느낄 수 있다. 하나님이 내 옆자리에 앉아계시니 그분과 의논할 수 있다. 이렇게 친밀하게 우리와 함께하시는 하나님을 느낄 때 우리는 광야 같은 이 세상에서 힘을 얻을 수 있다. 그러면 하나님이 우리의 싸움을 대신해주신다. 광야 같은 비즈니스 세계에서 우리가 승리하는 힘을 얻을 수 있다.

일하는 사람 모세, 치열한 기도로 문제를 풀 줄 알다

애굽을 탈출하여 홍해를 건넌 이스라엘 백성은 곧바로 광야생활에 접어들었다. 그곳에서 겪은 일들이 이스라엘 백성의 광야생활을 마치 패턴처럼 보여주고 있다(출 15:22-27). 홍해에서 감격적인 구원을 경험했지만 곧바로 그들 앞에 닥친 현실은 수르 광야였다. 홍해를 육지처럼 건너고 애굽 군대는 그 바다에서 수장되는 놀라운 이적을 경험했지만, 이스라엘 백성들이 걷는 수르 광야에는 장벽이 있었다. 애굽 사람들이 동방 종족의 외침을 방지하기 위해 방어장벽을 세워놓은 광야였다. 더구나 그 광야를 사흘이나 힘들게 장벽들을 피하고 넘어서 지나가는데 물이 없었던 것이 더 큰 장벽이었다. 가축들이 픽픽 쓰러지고 아이들이 보챘다. 그 상황은 어른도 견디기 힘들었을 것이다.

인생에서 이런 수르 광야를 경험하는가? 장벽 앞에서 어려움을 겪는가? 직장에서 하는 일의 어려움에 가정과 교회와 여러 관계 속에서 갈등으로 고민하는가? 그러면 그것은 바로 수르 광야, 곧 우리 인생길의 한 과정이다. 한 가지 의문은 든다. 왜 믿는 사람에게 고난이 있는가? 사도 바울이 한 구절로 답을 주고 있다. "그리스도를 위하여 너희에게 은혜를 주신 것은 다만 그를 믿을 뿐 아니라 또한 그를 위하여 고난도 받게 하려 하심이라"(빌 1:29). 믿음으로 구원받은 사람에게도 어려움이 있다. 믿음으로 구원을 허락하신 주님은 우리에게 고난도 주시기 때문이다. 생존을 위한 최소한의 조건인 마실 물이 없는 상황이 우리에게도 생길 수 있는 것이다.

이스라엘 백성들이 수르 광야에서 고생한 지 사흘째 되는 날, 마라에 도착했다. 거기에 물이 있었다. 그렇지만 그 우물의 물은 썼다. 마실 수가 없었다. '마라'라고 이름 붙인 이 단어가 쓰다는 뜻이다(출 15:23). 그러자 이스라엘 백성들은 모세에게 원망을 쏟아놓았다(출 15:24). 여기서 백성들이 원망했다는 표현은 투덜대고 불평을 쏟아놓으면서 계속 말하는 것을 뜻한다. 그 상황을 머릿속으로 그려보면 이해할 수 있다. 그런데 이스라엘 백성들의 원망은 이번이 처음은 아니었다. 홍해에서 구원받기 이전부터 가졌던 습관이었다. 그들은 애굽에 있을 때도 고단한 자신들의 처지를 한탄하며 하나님을 원망했고, 홍해 앞에서도 두려워하면서 하나님을 원망했다(출 5:20-21, 14:10-12).

원망은 습관일 가능성이 높다. 원망하다가 망하면 안 된다. 바울이 고린도교회 교인들에게 편지하며 이렇게 경고의 메시지를 주고 있다. "그들 가운데 어떤 사람들이 원망하다가 멸망시키는 자에게 멸망하였나니 너희는 그들과 같이 원망하지 말라. 그들에게 일어난 이런 일은 본보기가 되고 또한 말세를 만난 우리를 깨우치기 위하여 기록되었느니라"(고전 10:10-11).

지금 '마라'에 있는가? 일이 꼬이고 더욱 악화되어 견딜 수 없는가? 이럴 때 문제를 어떻게 해결하는가? 점점 더 어려워진다. 문제가 해결될 것 같다가 더 꼬이는 것이다. 물이 없었는데 천신만고 끝에 물을 찾았다. 그런데 그 물이 써서 먹을 수 없었다. 풀리는 듯했으나 결국 해결책이 아니었다. 이런 상황일 때 사람들은 보통 당장 기분대로 반응한다.

이스라엘 백성들이 모세에게 원망을 쏟아놓았다.

"우리가 무엇을 마실까?"

그런데 어디서 많이 들어본 질문이 아닌가?

"무엇을 먹을까, 무엇을 마실까, 무엇을 입을까?"

바로 산상수훈에서 우리 주 예수님은 먼저 그의 나라와 그의 의를 구하라고 교훈하실 때 이런 질문을 하지 말라고 하셨다. "그러므로 염려하여 이르기를 무엇을 먹을까 무엇을 마실까 무엇을 입을까 하지 말라. 이는 다 이방인들이 구하는 것이라. 너희 하늘 아버지께서 이 모든 것이 너희에게 있어야 할 줄을 아시느니라"(마 6:31-32). 예수님이 말씀하신 바로 그 질문이다. 예수님이 산상수훈에서 말씀하시면서 출애굽기의 오늘 본문을 염두에 두셨는지도 모른다. 여하튼 이스라엘 백성들은 이렇게 불평했다. "우리가 어떻게 이 물을 마실 수 있단 말이오? 제대로 된 물 좀 내놓으시오! 목말라 죽겠소."

인생의 '마라'에서 하나님을 원망하고 불평하는 사람들이 많다. 쓴 것은 감당하기 싫은 법이다. '내가 왜 이런 쓴 것을 감당해야 하는가! 나는 아니다.' 별날 것도 없는 보통 사람의 모습이지만 이것이 최선의 인생은 아니다. 우리는 마라에서는 물이 쓰다고 불평만 하고 있으면 안 된다. 다른 해결책이 있다. 인생에 닥치는 어려움 앞에서 모세는 그 문제를 해결하는 중요한 방법 하나를 보여주었다. 바로 기도하는 것이다. 백성들이 원망하지 않아도 그 물이 쓰다는 것을 모세는 알고 있었다. 그런데 모세는 백성들처럼 호들갑을 떠는 것이 아니라 하나님에게 부르짖었다. 백성들이나 모세나 현실에 대한 불만이 있다는 점과 목소리가 컸다는 점은 똑같았다. 그런데 모세는 기도했다는 점이 달랐다. 인생에서 겪는 쓰디쓴 문제들, 해결할 수 없는 고통을 풀어내기 위해서는 하나님이 개입하셔야 하는 것을 모세는 잘 알고 있었다. 그래서 모세는 부르짖어 기도했다.

고통스러우면 화가 나는 것은 당연하다. 그때 하나님에게 그 화의 에너지를 발산하는 것이 중요하다. 그래서 모세가 하나님에게 부르짖었다. 원망하는 백성들에게 분노를 쏟아 부은 것이 아니었다. 백성들의 원망과 불평을 받아서 그것을 하나님에게 쏟아놓았다. 일하는 사람 모세는 이렇게 힘든 문제를 풀어내는 치열한 기도의 비결을 알고 있었다. 모세가 부르짖자 하나님은 마치 기다리고 계셨다는 듯이 응답해주셨다. 한 나무를 지시하고 보여주셨다. 그 나무의 가지를 모세가 물에 던졌더니 쓴 물이 달아졌다. 마라의 쓴 물이 단 물이 되었다.

문제를 해결하는 방법은 바로 기도이다. 부르짖어야 문제가 해결된다. 그래야 하나님의 놀라운 치료의 은혜를 얻는다. 쓴 물이 달게 변하는 기도 응답을 체험할 수 있다. 이런 귀한 교훈을 얻은 뒤에 하나님이 모세를 통해 말씀하셨다. "너희가 너희 하나님 나 여호와의 말을 들어 순종하고 내가 보기에 의를 행하며 내 계명에 귀를 기울이며 내 모든 규례를 지키면 내가 애굽 사람에게 내린 모든 질병 중 하나도 너희에게 내리지 아니하리니 나는 너희를 치료하는 여호와임이라"(출 15:26).

우리가 쓴 물이 뒤덮고 있는 마라의 현장에서 하나님에게 기도하며 우리의 문제를 하나님의 손에 올려드리면 하나님께서 이런 귀한 은혜를 주신다. 우리를 치료해주신다. 우리가 가진 문제 덩어리보다 하나님이 더 크신 분임을 우리는 인정해야 한다. 이 중요한 사실을 우리는 잊지 말아야 한다. 이런 교훈을 제대로 깨닫기 위해 우리는 지속적인 훈련을 받아야 한다. 모세가 기도하여 마라의 쓴 물을 달게 한 사건 이후에 보면 '법도' '율례' '말씀' '계명' 등과 같은 단어들이 연속해서 등장한다(출 15:25-26). 당시는 아직 시내 산에서 하나님의 율법을 받지 않은 때였다. 그런데도 말씀의 필요성을 미리 맛보여주셨다. 시험의 현장에서 하나님의 말씀을 통해 훈련받는 일이 중요함을 알려주셨다.

그리고 또 하나 중요한 위로가 있다. 우리 인생의 단계에는 '엘림'이 있다는 것이다. 마라를 지난 이스라엘 백성들이 엘림이라는 곳에 도착해보니 그곳에는 물이 충분한 샘이 열두 개가 있었다. 그리고 종려나무가 칠십 그루가 있었다. 12나 70이라는 숫자는 충분하고 완전함을 상징한다(출 15:27). 마라의 쓴 물을 위해 부르짖어 단 물로 바꾼 모세가 이끌던 이스라엘 백성들을 위한 하나님의 축복이었다. 이스라엘 백성들이 온전히 쉬면서 즐겁게 보낼 수 있는 그곳이 바로 엘림이었다. 우리의 인생이 치열하지만 늘 그런 것만은 아니지 않은가? 쉬는 때도 필요하다. 우리는 엘림에서 잘 쉬어야 한다. 새벽부터 일하고 집에 돌아가 쉬어야 하고, 한 주간 일하고 주말에는 쉬고 휴가를 내서도 쉬어야 한다. 제대로 쉬지 못하는 사람은 제대로 일하기도 힘들다. 하나님이 우리에게 이런 엘림의 축복을 준비해두고 계신다. '엘림'을 기대하면서 우리는 '수르'와 '마라'의 힘든 여정을 걸어 나가야 한다.

자신의 미래보다
다음세대를 위해 기도하라

이스라엘의 40년 광야생활을 이끌었던 지도자 모세는 요단강 이쪽 편에 있었다. 그는 하나님에게 간구했다. "주 여호와여 주께서 주의 크심과 주의 권능을 주의 종에게 나타내시기를 시작하셨사오니 천지간에 어떤 신이 능히 주께서 행하신 일 곧 주의 큰 능력으로 행하신 일같이 행할 수 있으리이까. 구하옵나니 나를 건너가게 하사 요단 저쪽에 있는 아름다운 땅, 아름다운 산과 레바논을 보게 하옵소서"(신 3:24-25). 출애굽과 광야생활을 인도하신 하나님의 능력을 찬양하면서 자신도 가나안 땅에 들어갈 수 있기를 그야말로 간절히 구하고 있다.

위대한 구원의 역사인 출애굽을 주도했고, 40년간 척박하고 위험투성이인 광야생활 동안 이스라엘의 2백만 백성들을 이끌었던 지도자가 바로 모세였다. 그런데 하나님이 모세에게 이렇게 응답하셨다. "그만해도 족하니 이 일로 다시 내게 말하지 말라"(신 3:26). 왜 하나님은 위대한 지도자 모세를 이렇게 박대하셨을까? 어떤 이유가 있었고, 그 일은 이스라엘의 역사에 어떤 방향을 제시하는 것일까?

모세를 슬프게 했던 응답 후에 하나님은 모세에게 이렇게 말씀하셨다. "너는 비스가 산 꼭대기에 올라가서 눈을 들어 동서

남북을 바라고 네 눈으로 그 땅을 바라보라. 너는 이 요단을 건너지 못할 것임이니라. 너는 여호수아에게 명령하고 그를 담대하게 하며 그를 강하게 하라. 그는 이 백성을 거느리고 건너가서 네가 볼 땅을 그들이 기업으로 얻게 하리라"(신 3:27-28). 광야 길을 인도했던 위대한 지도자 모세는 요단강을 건너지 못했다. 그런데 모세가 가고 싶었던 그 가나안 땅을 모세가 여호수아에게 명령하고 강하게 해서 이스라엘 백성들이 기업으로 얻게 하겠다고 하셨다.

여기서 우리는 중요한 사실 하나를 발견하게 된다. 가지도 못할 그 가나안 땅을 하나님이 모세에게 바라보라고 하신 것이다. 동서남북을 살펴서 모세의 눈으로 그 땅을 바라보라고 하셨다. 모세는 비록 가나안 땅으로 가지는 못하지만 여호수아를 통해 정복할 그 땅을 보았다. 비스가 산꼭대기에서 동서남북으로 세세하게 바라보았다. 그런데 비스가 산꼭대기에서 가나안 땅을 바라봐도 유대 광야밖에 보이지 않는데, 그곳은 그리 탐날 만한 땅이 아니었다. 지금도 그 땅은 SUV 차량들의 극한상황 주행 능력을 테스트하는 탐사랠리가 자주 열리는 곳이다. 그야말로 척박한 광야였다. 그런데 하나님은 그 땅을 모세더러 자세히 살펴보라고 하셨다. 이것이 오늘 우리가 가진 비전의 실체이다. 무엇이 잘 보이지 않는다. 눈에 확 띄면 좋은데 누가 봐도 광야이고 사막이다. 비전이 없다는 말이 절로 나오는 그런 환경 속에서 우리는 비스가 산꼭대기에 올라서 있는 것이다.

그런데 중요한 사실이 있다. 그곳 산꼭대기에서 모세는 누구와 함께 있는가 말이다. 광야에서 이미 모세와 여호수아는 이스라엘 백성들과 함께했다. 그리고 이제 두 사람은 함께 하나님이 약속하신 땅을 바라보는 것이다. 같은 방향으로 서서 두 사람은 동일한 시선으로 바라보고 있다. 물론 모세와 여호수아는 세대가 다르다. 모세 세대 사람들은 광야에서 다 세상을 떠났다. 가데스바네아에서 20세 이하이던 사람들, 광야에서 태어난 새로운 세대가 가나안 정복전쟁에 나서야 했다. 여호수아가 바로 그 신세대를 이끌어야 했다. 그런데 세대는 다르나 그들은 하나였다.

이런 사실을 수긍한 모세는 더 이상 자신이 가나안 땅에 들어갈 수 있게 해달라고 하나님에게 기도하지 않았다. 그런 기도 대신에 자신이 해야 할 일이 무엇인지 모세는 분명하게 확신하고 있었다. 신명기의 마지막 부분에서 모세는 곧 세상을 떠나는 자신이 해야 할 마지막 기도가 무엇인지 보여주고 있다. 신명기 31장에 보면 여호수아가 모세의 뒤를 이어 이스라엘의 지도자로 임명받고, 하나님이 율법의 낭독을 명령하신다. 그 후 모세의 노래(32장)와 축복(33장)에 이어 모세의 죽음을(34장) 기록하면서 신명기가 끝난다.

모세가 여호수아에게 계승하는 일과 다음세대를 위한 말씀의 유산을 남겨 놓는 일이 중요함을 강조하고 있다. 이 계승과 유산이 영원한 하늘나라를 향해 나가는 광야백성의 중요한 책임이라는 점을 모세의 유언이라고 할 수 있는 신명기는 분명히 보여주고 있다. 물론 이스라엘 백성들의 출애굽과 광야생활 40년을 이끌었던 위대한 지도자 모세의 마지막 모습에는 안타까움과 회한이 있었다. 그러나 미래를 위한 비전과 확신도 분명하게 담겨 있었다. 모세가 자신을 뒤이을 여호수아에게 유언처럼 남긴 말 속에는 다음세대를 위한 염려와 격려가 동시에 담겨 있었다. 모세가 말하는 계승과 유산의 책임을 요약하면 이런 내용이다(신 31:1-13). "나는 못 가지만 여호수아는 요단을 건너 가나안으로 들어가리라. 하나님이 함께하시며 그 땅을 차지하게 하시니 너희는 강하고 담대하라. 두려워하지 말라. 여호와가 앞서 가시리라. 백성과 자녀들에게 율법을 배워 행하게 하라."

우리는 모세에게 '유산'(Legacy)에 대해 배워야 한다. 유산(遺産)이라고 해서 돈이나 물질적인 것만을 생각하면 안 된다. 물질적인 부분도 포함되겠으나 우리의 유산은 그보다 범위가 넓은 우리 인생의 작품, 즉 자신이 평생 살다가 남겨두고 넘겨주고 가는 가치를 말한다. 우리는 '다음세대'를 위해 무엇을 남길 것인지 궁리하고 의미 있는 실천을 할 수 있어야 한다. 우리의 다음세대에게 어떤 가치관을 심어줄 것인가? 돈을 많이 벌고 집 한 채 장만하고 땅도 좀 가지고 있으면 행복을 누릴 수 있다고, 노후가 보장되면 즐길 만한 것이 인생이라고 가르쳐줄 것인가? 우리의 다음세대를 향해서 강조하고 가르쳐야 할 핵심가치는 과연 무엇인가? 내가 인생을 살아가는 목적이 분명하지 않으면 우리의 다음세대를 이끌어줄 수 없다.

사사기 2장 10절에서는 여호수아 사후의 세대에 대해 이렇게 기록하고 있다. "그 세대의 사람도 다 그 조상들에게로 돌아갔고 그 후에 일어난 다른 세대는 여호와를 알지 못하며 여호와께서 이스라엘을 위하여 행하신 일도 알지 못하였더라." 여호수아가 살았던 시대와 그의 영향을 받았던 세대 사람들은 하나님을 잘 섬겼다. 그런데 여호수아가 살던 때와 그 뒤의 생존한 장로들이 살던 때에만 여호와를 섬겼다고 한다(삿 2:7). 오늘 우리시대의 청년들이나 자녀들도 이런 심각한 함정에 빠질 수 있다. 또한 우리시대 청년들은 부모세대의 경제적인 부와 고학력으로 혜택을 받으며 자랐는데 막상 취업현장에 나오니 환경이 너무나 좋지 않은 악재를 만난 세대이다. 취업문제가 우리 청년들의 뇌리를 온통 채우고 있다. 생각대로 잘되지 않는다. 이런 때에 어떻게 청년들에게 참된 가치를 심어줄 것인가?

세상에서 취업문제로 고민하고, 교회 안에서 신앙문제로 갈등하는 우리 청년들에게 인생과 신앙의 참된 본질이 무엇인지 보여줄 수 있어야 한다. 세상의 가치관을 따라 "좋은 학교, 좋은 직장!"만 노래 부르지 말고, 바람직한 성경적인 직업관을 가지고 하나님 나라의 우선순위를 추구하는 삶이 무엇인지 가르쳐 주어야 한다.

이스라엘의 다음세대를 위한 모세의 유산은 구체적으로 하나님의 말씀이었다. 바로 율법이었다. 모세가 율법을 써서 제사장들과 백성의 장로들에게 주고 명령했다. 그 내용은 말씀의 유산이 무엇인지 잘 보여준다(신 31:9-13). "매 칠 년 끝 해 곧 면제년의 초막절에 온 이스라엘이 네 하나님 여호와 앞 그가 택하신 곳에 모일 때에 이 율법을 낭독하여 온 이스라엘에게 듣게 할지니 곧 백성의 남녀와 어린이와 네 성읍 안에 거류하는 타국인을 모으고 그들에게 듣고 배우고 네 하나님 여호와를 경외하며 이 율법의 모든 말씀을 지켜 행하게 하고 또 너희가 요단을 건너가서 차지할 땅에 거주할 동안에 이 말씀을 알지 못하는 그들의 자녀에게 듣고 네 하나님 여호와 경외하기를 배우게 할지니라"(신 31:10-13).

특히 모세는 요단을 건너가서 차지할 가나안 땅에 거주할 동안에 말씀을 알지 못하는 자녀들이 말씀을 듣고 하나님을 경외하는 것을 배우게 하라고 했다. 이 강조는 다음세대를 말씀으로 세워 유산의 책임을 다하려는 모세의 의도를 잘 보여주고 있다. 하나님의 말씀이 참된 유산이다. 앞으로 이스라엘의 신세대가 가야 할 가나안 땅은 생소한 환경과 불확실한 면이 많은 곳인데, 그곳에서 제대로 하나님을 경외하기 위해서는 바로 말씀으로 무장해야 한다는 것이다. 이것은 오늘 우리에게도 동일한 원리로 적용된다. 말씀이 불확실하고 불안한 세대의 젊은이들과 다음세대를 세워줄 것이다.

출애굽과 광야생활을 거친 후 모세가 비전을 보았던 비스가 산에 우리도 함께 올라야 한다. 자신의 미래를 위한 기도보다 중요한 유산과 계승을 위해 우리도 기도해야 한다. 모세를 계승한 여호수아에게 하나님은 가나안 땅을 정복하라고 명령하셨다. "내가 모세에게 말한 바와 같이 너희 발바닥으로 밟는 곳은 모두 내가 너희에게 주었노니 곧 광야와 이 레바논에서부터 큰 강 곧 유브라데 강까지 헷 족속의 온 땅과 또 해 지는 쪽 대해까지 너희의 영토가 되리라"(수 1:3-4). 이렇게 출애굽과 광야의 역사 속에서 하나님에게 기도하던 모세의 비전은 여호수아를 통해 성취되었다. 모세가 기도하고 여호수아가 일하여 이루었다. 우리도 기도와 말씀을 통해 다음세대에 계승을 잘해내고 유산을 남겨줄 수 있어야 한다.

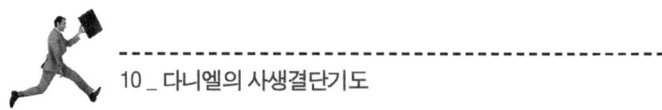

10 _ 다니엘의 사생결단기도

목숨 걸고 기도하여
일터선교사의 사명을 다하다

일하는 사람들에게 있어서 기도는 과연 무엇인가? 일터에서 사목으로 섬기면서 아직 교회에 다니지 않는 직원들에게도 기도해줄 테니 바라는 것이 있는지 종종 물어본다. 여러 사람들이 '직장 업무를 잘해내고 가족들이 건강한 것'을 기도제목으로 말한다. 아마도 직장인들에게 있어서 그 두 가지가 중요한 바람일 것이다. 그렇게 기도하는 게 전혀 잘못된 것이 아니다. 그런 제목을 가지고 나도 직원들을 위해서 많이 기도했다.

그런데 일터에서 하는 기도는 그 일상적인 제목을 넘어서는 치열함이 있다. 성경 속 대표적인 직장인이자 선지자였던 다니엘의 기도를 통해 그 사실을 확인할 수 있다. 구약성경 다니엘서에서 다니엘의 중요한 전환기를 묘사하는 곳곳에 다니엘이 했던 기도를 기록하고 있다. 특히 다니엘은 어린 시절에 볼모로 잡혀간 바벨론 제국부터 페르시아 제국에 이르기까지 치열한 세속 정치의 현장에서 고위관리로서 생활하며 기도하는 모범을 보여주었다. 하나같이 다니엘의 기도는 목숨을 거는 기도였다. 날마다 정해진 시간에 규칙적으로 기도했더라도 그 기도가 사생결단의 기도였다는 점이 특징이다. 일터선교사로 세상의 일터에서 치열한 삶을 살았던 다니엘의 기도를 살펴보자.

집으로 돌아가서 기도의 동지들과 목숨 걸고 했던 중보기도

직장인으로 살아가면서 간절히 기도하고 싶었던 경험이 있는가? 급한 일을 하고 있어서 다른 어떤 여유도 없는데 못 견디게 기도하고 싶었던 경험 말이다. 그저 묵상으로 기도할 수도 있지만 그것으로 성이 차지 않아서 기도할 만한 장소를 찾느라 헤매본 경험이 있는가? 나는 전에 군대생활을 할 때 어떤 일로 마음이 괴로워서 기도할 만한 곳을 찾았던 적이 있다. 2층으로 올라가는 계단 밑에 있던 청소도구들을 넣어두던

비좁고 지저분한 곳에 들어가 기도했던 적이 있다. 일하던 사람 다니엘이 보여주는 첫 번째 기도의 교훈은 이렇게 기도할 곳을 찾아서 열심히 기도한 것이다.

유다 왕국에서 볼모로 잡혀와 바벨론 왕궁에서 교육받고 일하게 된 다니엘과 세 친구는 그들이 풀어내기 힘든 일을 요구받고 난감한 지경에 빠졌다. 어느 날, 꿈을 꾼 느부갓네살 왕이 자신의 꿈을 해석하라고 하면서 꿈의 내용을 말해주지 않는 것이었다. 신하들은 왕과 대치하면서 꿈이야기를 해주어야만 한다고 버텼고, 왕은 무능한 신하들은 다 죽이라는 추상같은 명령을 내렸다. 그런데 왕의 근위대장 아리옥이 급하게 왕의 명령을 집행하러 나가다가 다니엘을 만났다. 다니엘은 명철하고 슬기로운 말로 왕께서 시간을 주시면 해몽을 해내겠다고 장담했다(단 2:1-16).

다니엘이 바벨론 궁의 모든 지혜자가 풀지 못한 문제를 목숨 걸고 풀겠다고 장담한 배경은 어떤 것이었을까? 어떤 자신감이 그로 하여금 목숨을 건 모험을 감행하게 했을까? 다니엘은 곧장 그의 '집으로' 돌아갔다(단 2:17). 다니엘은 일터에서 풀지 못한 문제를 그가 살던 집으로 가지고 가서 해결하려고 했다. 회사에서 못다 한 일거리를 집으로 싸들고 가서 가족들을 괴롭히려는 것이 아니었다. 다니엘은 그의 친구들인 하나냐와 미사엘, 아사랴와 함께 사는 집으로 돌아갔다.

거기서 다니엘은 기도의 동지들 앞에 기도제목을 내놓았다. 그리고 그 문제를 하나님에게 기도했다. 하나님에게 간절히 매달린 그들의 기도제목은 이것이었다.

"하늘에 계신 하나님이 이 은밀한 일에 대하여 불쌍히 여기사 다니엘과 친구들이 바벨론의 다른 지혜자들과 함께 죽임을 당하지 않게 해주옵소서"(단 2:18).

처절하지 않은가? 그들이 했던 기도는 죽음 앞에서 간절할 수밖에 없는 기도였다. 사람을 살리고 죽이는 일의 주관자이신 하나님에게 사생결단의 기도를 드렸던 것이다. "우리를 죽이시겠거든 가만히 계셔도 좋지만 살리시겠거든 느부갓네살 왕의 꿈에 대해 알려주옵소서!"

다니엘이 일터에서 겪는 문제를 해결하는 방법을 보면서 이런 질문을 할 수도 있다. 기도가 이렇게 일터에서 생기는 문제를 해결하는 방법일 수 있단 말인가? 한마디로 말하면 기도만 한다고 해서 모든 문제가 해결되는 것은 아니다. 하지만 기도를 통해 해결되기 힘든 문제를 풀어낼 수도 있다. 물론 흔하지 않은 일처리 방법인데, 낮에 회사에서 생긴 문제를 밤에 집에 가서 해결할 수 있다는 것이다. 그런 사람들을 '그리스도인'이라고 한다. 이런 방법으로 일하는 크리스천이라면 정말 세상의 부러움이 되지 않겠는가? 크리스천이라면 이렇게 기도하고 일하면서 하나님에게 영광을 돌릴 수 있다.

전에 섬기던 신우회의 한 형제가 모임 중에 간증하는 것을 들었다. 기획관련 부서로 옮기게 되었는데, 그 부서의 상사가 매사에 정확하고 까다롭기로 유명한 분이었다. 심혈을 기울여 기획안을 작성해도 번번이 이렇게밖에 못하느냐는 핀잔을 들었다. 정말 낙심되고 안타까운 심정으로 기도할 수밖에 없었다. 어느 날, 새벽기도회에 가서 간절히 기도하고 일찍 출근을 했는데 한 아이디어가 떠올라서 1시간 반 만에 급히 프레젠테이션을 준비했다. 그 기획안을 제출했더니 드디어 합격이었다. 정말 놀랍게도 짧은 시간에 그렇게 고민하던 기획안을 작성할 수 있었던 것은 하나님의 지혜가 아니고서는 설명할 수 없었다는 간증에 신우회원들이 은혜를 받았다.

다니엘이 그랬던 것처럼 '집으로' 가는 것이 중요하다. 우리도 집으로 가면 된다. 다니엘이 집으로 간 이유는 무엇인가? 그곳에 그의 기도 동지들이 있었기 때문이다. 주어진 사명, 목숨이 걸려 있는 중요한 문제를 함께 기도할 사람들이 집에 있었기에 다니엘은 집으로 갔다. 그러면 오늘 우리의 '집으로'는 어디인가? 일터의 문제를 함께 풀어내며 사명을 이루어나갈 직장선교회(기독신우회) 모임이 아니겠는가? 일터의 문제를 함께 기도해 줄 사람들이 있는 교회의 셀로, 구역으로, 속회로, 전도회로, 청년부터 우리도 갈 수 있다. 혼자 풀어낼 수 없는 문제를 함께 손잡고 풀어줄 남편과 아내가 있는, 그야말로 우리의 집으로 가도 좋다. 온 가족이 가정예배를 드리며 세상에서 풀지 못한 그 문제를 함께 기도해줄 수 있다.

〈한겨레신문〉의 창간 멤버였던 박노성 장로가 제작국장 시절, 신문사가 전산제작을 시작했을 무렵에 겪은 일이다. 윤전기의 컴퓨터에 갑자기 이상이 생겼다. 신문이 한쪽은 시커멓게, 한쪽은 하얗게 나왔다. 고장 난 이유를 아는 사람이 아무도 없으니 회사가 발칵 뒤집혔다. 사장님도 나오고 직원들도 나와서 지켜보았지만 대책이 없었다. 그런데 그때 갑자기 박노성 국장이 전산실로 들어가서 컴퓨터를 감싸 안고 큰소리로 기도하기 시작했다. 아무런 방법이 없으니 기도가 더욱 간절할 수밖에 없었다. 그 모습을 지켜본 직원들이 수군거렸다. "박 국장이 완전히 돌아버렸구먼"이라는 소리도 들렸다.

박 국장이 안수기도를 마치고 컴퓨터의 전원을 다시 넣으니 신문이 언제 그랬느냐는 듯 깨끗하게 나왔다. 부리나케 신문을 찍어 당시 서부역으로 보냈는데, 지방판을 실어 보내는 열차가 막 떠나기 직전이었다고 한다. 그때 박 국장은 예수님을 안 믿는 직원들도 "할렐루야!"를 외치는 소리를 듣고 하나님에게 너무 감사해서 캐비닛 뒤에서 눈물의 감사기도를 드렸다고 한다. 반복해서 자주 일어날 만한 일은 아니지만 때로 일터에서 이런 놀라운 하나님의 이적도 일어난다. 그야말로 목숨 건 사생결단의 기도를 통해 하나님의 특별한 은혜를 경험할 수 있다.

다니엘과 세 친구의 사생결단의 기도에 응답하신 하나님은 밤에 환상을 통해 느부갓네살 왕이 꾸었던 꿈을 다니엘에게 그대로 다시 보여주셨다. 멋진 우리 하나님은 '꿈을 찍는 사진사'가 아니시던가! 다니엘은 하나님이 보여주신 환상을 통해 느부갓네살의 꿈을 해석했다. 하나님은 느부갓네살의 꿈에 대한 해석을 통해 세계 역사의 흐름에 대한 비전을 보여주셨다.

느부갓네살 왕은 자신이 밤에 혼자 꾸었던 꿈의 내용을 마치 함께 본 것처럼 말하고 해석하는 다니엘의 능력에 놀라움을 금치 못했다. 왕이 다니엘 앞에 엎드려 절을 했다고 한다. 일터에서 느부갓네살 왕처럼 다니엘과 같은 탁월한 능력을 가진 아랫사람을 만난다면 그야말로 복받은 윗사람이 아닐 수 없다. 다니엘과 같은 직원이 있다면 안아주고 절이라도 하고 싶은 심정이 될 것이다. 느부갓네살 왕의 행동이 전혀 과잉행동처럼 보이지 않는다. 왕은 다니엘에게 감사의 뜻을 표하고 약속한 예물을 다 주었다. 그러고는 하나님의 이름을 이렇게 찬송했다. "너희 하나님은 참으로 모든 신들의 신이시요 모든 왕의 주재시로다. 네가 능히 이 은밀한 것을 나타내었으니 네 하나님은 또 은밀한 것을 나타내시는 이시로다"(단 2:47). 할렐루야!

다니엘이 하나님께서 주신 능력을 가지고 사생결단의 기도를 하면서 사명을 완수하니, 이렇게 하나님을 믿지 않는 이방의 왕도 하나님을 찬양했다. 다니엘이 했던 일이야말로 예수님이 말씀하신 '착한 행실'이었다. "이같이 너희 빛이 사람 앞에 비치게 하여 그들로 너희 착한 행실을 보고 하늘에 계신 너희 아버지께 영광을 돌리게 하라"(마 5:16). 일터에서 아랫사람이 똑똑하게 일을 잘하면 윗사람이 그 사람 앞에 엎드려 절을 하고 싶은 심정이 될 것이고, 결국 그 일은 개인의 영광이 아니라 하나님의 영광을 드러내는 일이 된다. 그 일이 있은 후 왕은 다니엘을 바벨론의 온 나라를 다스리는 총리로 삼았다. 그런데 이게 무슨 벼락출세인가? 다니엘의 나이가 20대였거나 많아봐야 30대였을 텐데, 당시 세계최대 최강제국의 총리가 되었다!

죽음을 각오하면서도
포기하지 않은 기도와 간구

다니엘은 바벨론 제국의 종말을 직접 예언하기도 했고, 이후 메데 바사 제국과 페르시아 제국의 개국도 봤다. 다니엘서 5장 마지막 부분과 6장 앞부분의 정치적인 상황을 정리해보자. 바벨론 왕 느부갓네살이 죽자 왕족끼리 물고 물리는 쿠데타가 연속해서 일어났다. 혼란스러운 상황이 이어지다가 벨

사살 왕을 끝으로 바벨론 제국이 망하고, 메데-바사로 나라가 바뀌었다. 세계사 속에서 메디아-페르시아라는 나라이다. 다리오라는 왕이 그 나라의 초대 왕으로 등극했다.

메데 바사 제국은 이집트에서부터 시작하여 팔레스타인, 터키, 그리스의 일부, 중앙아시아의 아랄 해를 거쳐 인도의 인더스 강까지 이르는 엄청나게 넓은 영토를 차지했다. 그 넓은 제국을 다스리기 위해 다리오 왕은 영토를 120개의 도로 나누고, 각 도를 책임지는 고위관리들을 두었다. 그리고 총리 셋을 두어, 아마도 한 총리가 40개가량의 도를 관할하는 정치형태를 유지했던 듯하다. 이런 정치형태는 권력을 세 총리에게 위임한 것이었다. 이런 체제라면 총리들을 감독하는 행정부의 수반역할을 왕 자신이 해야 했다. 그것이 쉽지 않았는지 다리오 왕은 정치형태의 변화를 모색하는 일종의 정치개혁을 구상했다. 그래서 세 총리 중 한 총리를 수석총리로 삼으려 했고, 그 인물로 다니엘을 낙점하고 있었다.

이런 상황에서 두 총리와 그들의 관할 아래 있던 고관들이 가만히 있으려고 하지 않았다. 어떻게 하든지 다니엘을 낙마시켜야 했다. 그들은 다니엘을 책잡기 위해서 무척 애썼다. 털면 먼지 안 날 사람이 없지만 그들은 끝내 다니엘의 허물을 발견하지 못했다. 그들이 탄식처럼 내뱉는 다니엘의 '청문보고서' 내용을 보라. "이 다니엘은 그 하나님의 율법에서 근거를 찾지 못하면 그를 고발할 수 없으리라"(단 6:5). 그래서 정적들은 왕을 설득해서 새로운 금령을 만들었다. 한 달 동안 왕 외에 다른 어떤 신이나 사람에게 기도하는 사람이 있다면 그를 사자굴에 넣어 처형한다는 금령이었다. 하지만 다니엘은 보란 듯이 기도했다.

"다니엘이 이 조서에 왕의 도장이 찍힌 것을 알고도 자기 집에 돌아가서는 윗방에 올라가 예루살렘으로 향한 창문을 열고 전에 하던 대로 하루 세 번씩 무릎을 꿇고 기도하며 그의 하나님께 감사하였더라. 그 무리들이 모여서 다니엘이 자기 하나님 앞에 기도하며 간구하는 것을 발견하고"(단 6:10-11).

여기서 다니엘을 고발한 정적들의 시각으로 기록된 11절을 보면 다니엘이 "기도하며 간구하는 것"을 그들이 발견했다고 한다. 그들은 금령을 어긴 증거를 잡기 위해 여러 사람("그 무리들")이 '모여서' 다니엘을 지켜보았다. 그들은 정확하게 보았다. 그런데 다니엘이 기도하며 간구했다고 한다. 왜 이렇게 반복해서 표현하는가? 이 '기도와 간구'라는 표현은 다니엘서 9장 3절에서도 동일하게 발견할 수 있다. 그저 의미 없이 반복하는 게 아니라 관용구이다.

구약에서 여러 차례 반복되지만 신약에도 이 '기도와 간구'라는 표현이 있다. 대표적인 구절이 빌립보서 4장 6~7절이다. "아무것도 염려하지 말고 다만 모든 일에 기도와 간구로, 너희 구할 것을 감사함으로 하나님께 아뢰라. 그리하면 모든 지각에 뛰어난 하나님의 평강이 그리스도 예수 안에서 너희 마음과 생각을 지키시리라." 기도에 대한 바울의 중요한 교훈을 보여주는 이 말씀은 바울이 복음을 전하다가 옥에 갇혔을 때 빌립보 교인들에게 했던 권면이다.

그런데 일터선교사였던 바울은 복음으로 인해 고난당할 때 기도에 관해 교훈하면서 선배 일터선교사 다니엘의 기도를 염두에 두었을 것이라고 나는 생각한다. 구약 율법에 정통했던 바울은 정적들의 모함이 자신에게 치명적인 것을 알았으면서도 순교의 각오로 기도금령을 어기고 기도한 다니엘의 모습을 분명히 기억하고 있었을 것이다. 그리고 자신이 옥에 갇혔을 때 빌립보서를 쓰면서 머릿속에 바로 그 다니엘의 모습을 상상했을 것이다. 왜냐하면 사자굴과 감옥 등 두 사람이 겪었던 상황이 비슷하고, 두 부분에 나오는 단어들도 유사하기 때문이다('감사' '기도와 간구').

왜 '기도'를 '기도와 간구'라고 두 번 사용했는지 우리가 살펴봐야 한다. 먼저 '기도'라는 단어는 기도의 일반명사이고, 공적인 기도라든가 일상적인 기도를 의미하는 보편적인 표현이다. '간구'라는 단어는 어떤 목적을 놓고 특별한 마음가짐으로, 또한 특별한 자세로 간절하게 기도하는 것을 뜻한다. 예를 들어 재를 뒤집어쓰고 회개기도를 한다거나 중요한 목표를 위해 오랫동안 기도한다고 할 때 '간구' 라는 단어를 쓴다.

우리가 정적들이 바라본 다니엘의 기도 모습을 보면서 당시의 상황을 그려볼 수 있다. 예루살렘으로 향해 열린 창문 앞에서 정적들이 다 보라고 시위하듯 기도하고 있는 다니엘의 모습을 그들이 보았다. 하루에 세 번씩 하는 기도시간이 길지도 않았을 것이고, 보통 기도문을 가지고 기도했다. 그 기도의 내용 중 중요한 것은 바로 '감사' 였다. 그런데 정적들이 보니 다니엘이 기도하는 모습이 평소와 달랐다. 왜 다니엘의 눈에서 눈물이 흐르지 않았겠는가?

다니엘은 모든 것을 알고 있었다. 창문을 열어놓고 기도하면 왕의 총애를 받는 수석총리 후보라고 해도 사자굴에 들어간다는 사실을 다니엘은 알고 있었다. 그것은 죽음이었다. 그런데 어떻게 다니엘이 기도하면서 목소리가 높아지지 않았겠는가? 기도의 자세가 평소와 달랐을 것이다. 그는 기도에 몰두했고, 아마도 울부짖으면서 하나님에게 간절히 구했을 것이다. 하나님의 능력으로 죽음의 위기에서 놓임받을 수 있기를 구했을 것이고, 또한 사자굴에서 담대하게 하나님의 사람답게 처형당할 수 있는 믿음을 달라고도 기도했을 것이다. 그런 다니엘의 모습을 정적들이 모두 지켜보았다.

바로 이 모습이 다니엘이 일터에서 자기 하나님을 의지하는 믿음을 분명하게 보여준다. 이 믿음으로 다니엘은 나중에 사자 굴에 들어갔지만 살아나올 수 있었다(단 6:23). 다니엘은 자신의 힘으로 도저히 감당할 수 없는 문제에 대해 어떻게 처신해야 하는지 몰라서 하나님에게 간구했는데, 이 기도를 통해 다니엘은 하나님을 의지했다. 기도하는 것은 다름 아니라 "하나님, 제가 아니라 당신이십니다. 제 삶의 전 영역이 당신의 것입니다"라는 고백이 아닌가! 기도에 관한 정의 중 하나인 이런 고백을 하지 못하는 사람이 기도를 한다면 그것은 정말 힘든 노동이다. 지겨운 일이다. 기도시간을 채 10분도 넘기기 힘들 것이다.

  우리는 기도해야만 한다. 어떤 문제로 기도할 것인가? 먼저 하나님의 나라와 그 의를 위해 기도하라(마 6:33)는 가르침을 따라 교회와 하나님 나라의 확장을 위해 간절히 기도해야 한다. 그런데 우리 일터의 기도제목을 가지고 기도하는 것도 중요하다. 일터가 바로 흩어진 교회의 한 모습이고, 일터에서도 하나님의 역사가 드러나야 하기 때문이다. 특히 다니엘은 일터의 문제를 가지고 기도하는 모습을 꾸준히 보여주었다. 그는 바벨론에 포로가 되어 와서 궁중에서 교육받으며 음식문제로 정체성을 드러내려 할 때도 뜻을 정했다(단 1:8). 다니엘은 그 문제를 가지고 특별하게 하나님에게 기도했을 것이다. 또한 느부갓네살 왕의 꿈을 해석해야 할 때도 하나님에게 간절히 기도했다. 사생결단의 기도를 하면서 그의 동료들과 함께 하나님에게 간구했다(단 2:18). 그리고 다리오 왕이 내린 금령에도 아랑곳하지 않고 늘 하던 하루 세 번의 기도를 그대로 강행했다(단 6:10).

다니엘에게는 일터에서 생기는 문제를 위해 기도하는 것이 자연스러웠다. 정기적으로 정해놓은 시간에 기도하기도 했지만, 특별한 문제 앞에서 더욱 하나님을 의지하면서 하나님이 모든 것을 해결해주시기를 간구했다. 오늘 우리도 다니엘처럼 이렇게 우리 일터의 문제를 가지고 하나님에게 목숨 걸고 기도할 수 있어야 한다.

하나님의 말씀에 근거하여
미래를 소망하며 기도하다

다니엘서 9장 이후에는 선지자 다니엘이 기도하면서 바벨론부터 시작하여 메대 바사 제국의 미래뿐만 아니라 장차 임할 종말에 대해 깨달은 하나님의 계시를 담고 있다. 다니엘이 다리오 왕 통치 원년에 했던 기도에 대한 묘사를 통해 선지자 다니엘의 기도에 대해 배울 수 있다.

"메대 족속 아하수에로의 아들 다리오가 갈대아 나라 왕으로 세움을 받던 첫 해 곧 그 통치 원년에 나 다니엘이 책을 통해 여호와께서 말씀으로 선지자 예레미야에게 알려주신 그 연수를 깨달았나니 곧 예루살렘의 황폐함이 칠십 년만에 그치리라 하신 것이니라. 내가 금식하며 베옷을 입고 재를 덮어쓰고 주 하나님께 기도하며 간구하기를 결심하고"(단 9:1-3).

다니엘은 말씀을 읽으면서 하나님의 뜻을 찾았다. 주전 605년에 포로가 되어 바벨론으로 온 다니엘은 이스라엘이 바벨론에 체류할 기간이 70년이 될 것을 알게 되었다. 바로 말씀을 통해 그런 깨달음을 얻었다. 이때는 주전 539년쯤이니 다니엘이 포로로 끌려온 지 66년이나 지난 해였다. 그러니 바벨론이 망하고 다리오가 등극함으로써 70년 포로생활의 끝이 가까웠다는 것을 다니엘은 깨달았다. 다니엘은 이렇게 말씀을 연구하면서 기도했다. 말씀을 통해 시세를 판단하면서 기도로 사역의 방향을 잡아나갔다. 하나님의 말씀에서 벗어나지 않고 말씀에 근거를 두면서 미래를 소망하며 기도했다.

또한 근본적으로 다니엘이 하나님의 말씀을 귀중하게 여기면서 하나님과 친밀함을 유지한 증거를 볼 수 있다. 예루살렘을 향해 창문을 열어놓고 그 방향을 바라보며 기도했던(단 6:10) 다니엘의 의도는 무엇이었을지 생각해보았는가? 솔로몬 왕이 지었던 성전은 이미 무너졌고, 예루살렘은 황폐해지고 하나님의 도성의 영광을 회복하지 못했다. 그런데도 계속 예루살렘을 향해 기도한 것은 그가 가지고 있던 소망, 즉 하나님이 다시금 이스라엘을 회복시켜주실 것에 대한 믿음이 있었음을 의미한다. 또한 다니엘이 말씀에 대한 지식과 함께 얼마나 그 말씀에 대한 확신을 가지고 있었는지 잘 보여준다.

전에 솔로몬 왕이 예루살렘 성전을 지은 후 했던 낙성식 기도에 이런 내용이 있다. "만일 이 땅에 기근이나 전염병이 있거나 곡식이 시들거나 깜부기가 나거나 메뚜기나 황충이 나거나 적국이 와서 성읍을 에워싸거나 무슨 재앙이나 무슨 질병이 있든지 막론하고 한 사람이나 혹 주의 온 백성 이스라엘이 다 각각 자기의 마음에 재앙을 깨닫고 이 성전을 향하여 손을 펴고 무슨 기도나 무슨 간구를 하거든 주는 계신 곳 하늘에서 들으시고 사하시며 각 사람의 마음을 아시오니 그들의 모든 행위대로 행하사 갚으시옵소서. 주만 홀로 사람의 마음을 다 아심이니이다"(왕상 8:37-39). 다니엘은 바벨론이 예루살렘 성읍을 에워쌌을 때 포로가 되어 바벨론으로 끌려갔던 사람이다. 바로 이 말씀에 근거해서 다니엘은 기도 응답을 바라며 하나님께 기도했다.

또한 솔로몬 왕은 적국의 땅으로 끌려간 유대인들을 위해서도 기도했다. "그들이 사로잡혀 간 땅에서 스스로 깨닫고 그 사로잡은 자의 땅에서 돌이켜… 주께서 그들의 조상들에게 주신 땅 곧 주께서 택하신 성읍과 내가 주의 이름을 위하여 건축한 성전 있는 쪽을 향하여 주께 기도하거든 주는 계신 곳 하늘에서 그들의 기도와 간구를 들으시고 그들의 일을 돌아보시오며 주께 범죄한 백성을 용서하시며 주께 범한 그 모든 허물을 사하시고 그들을 사로잡아 간 자 앞에서 그들로 불쌍히 여김을 얻게 하사 그 사람들로 그들을 불쌍히 여기게 하옵소서"(왕상 8:47-50). 이렇게 자신의 상황에 적용되는 말씀에 근거해서 다니엘은 예루살렘 성전 방향을 바라보며 하나님에게 기도했던 것이다.

그가 타국에서 오랜 기간 지내면서도 사명을 잃지 않고 경건함을 유지할 수 있었던 것은 이런 약속의 말씀을 붙들고 늘 기도하는 삶을 살았기 때문이다. 이런 모습이 바로 우리 크리스천 직장인들이 일터에서 갖추어야 할 참된 경건의 모습이다. 세상에서 분주하고 늘 바쁜 직장인이라 하더라도 절대 포기할 수 없는 기본적인 경건생활 과목이 바로 '말씀'과 '기도'이다. 물론 오늘 우리시대에 이렇게 일터에서 유지해야 할 신앙은 개개인의 상황에 따라 다양한 모습일 것이다. 그러나 어떤 형태로든 우리가 말씀과 기도를 통해 하나님의 뜻과 합한 삶을 살아나가는 일은 매우 중요하다.

다니엘은 예언 두루마리에 기록된 말씀뿐만 아니라 하나님이 보여주시는 환상을 통해 알려주시는 하나님의 뜻에도 집중했다. 네 짐승의 환상(단 7장), 숫양과 숫염소의 환상(단 8장), 가브리엘 천사가 알려준 칠십 이레에 대한 환상(단 9:20-27), 힛데겔 강가에서 본 세마포 옷과 순금 띠를 띤 사람의 환상(단 10장), 남방 왕과 북방 왕의 싸움과 세상 끝날에 대한 환상(단 11-12장) 등을 통해서도 하나님의 뜻을 알려고 노력했다.

다니엘은 환상을 보고 그 내용이 어떤 뜻인지 고민하기도 했다(단 7:15). 환상에 대한 해석을 들었지만 여전히 마음에 번민이 깊었고, 얼굴빛이 변할 만큼 괴롭기도 했다(단 7:28). 가브리엘 천사에게 환상의 해석을 들으면서도 깊이 잠들 만큼 지쳤고, 여러 날을 앓다가 일어나기도 했다(단 8:18,27). 환상을 보는 과정에서 함께 있던 사람들은 크게 두려워하고 도망칠 정도로 부담스러웠지만 다니엘은 홀로 남아서 환상을 봤고, 몸에 힘이 빠지며 지쳐 잠든 때도 있었다(단 10:7-9). 금식하며 재를 뒤집어 쓰고 기도했으며(단 9:1-3), 환상의 해석을 알기까지 3주 동안 금식과 절식을 하며 노심초사하기도 했다(단 10:1-3). 하나님의 뜻을 깨닫고 그것을 전하는 일이 결코 쉽지 않음을 다니엘을 통해 확인할 수 있다. 기도하면서 목숨을 걸 정도로 강한 결단을 해야 했던 다니엘이 환상을 보고 깨달으면서도 쉽지 않은 기도자의 길을 걸어가야 했던 것을 알 수 있다.

다니엘이 오늘 우리에게 이렇게 질문한다. "여러분! 일터에서도 역사하시는 하나님을 믿습니까? 그렇다면 기도하고 있습니까? 여러분의 기도시간은 언제이고 장소는 어디입니까? 날마다 한 장소와 시간을 정해놓고 기도하는 일은 중요합니다." 우리 크리스천들은 항상 성령 안에서 기도해야 한다(엡 6:18). 그런데 시간과 장소를 정해놓고 매일 기도하지 않는 사람이 항상 성령 안에서 기도할 수 있겠는가? 결코 쉽지 않다. 한 장소와 시간을 정해 기도하는 시간을 갖지 않으면 하나님과 동행하는 삶을 살아가기가 결코 쉽지 않다.

기도하며 하나님에게 자신의 삶을 전적으로 의지하는 것이 우리 삶의 성공과 실패를 분명하게 갈라주는 척도이다. 우리의 기도가 바로 우리의 일터영성을 확인하는 잣대이다. 기도하면서 하나님에게 인생의 모든 문제를 맡기지 않고 성공하는 인생은 가짜이다. 기도에 목숨을 걸면서 자신의 인생이 하나님의 손 안에 있음을 고백했던 다니엘의 모습을 우리도 배울 수 있어야 한다.

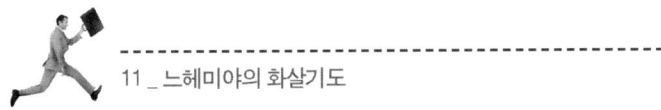

11 _ 느헤미야의 화살기도

기도하고 일하여
하나님 나라를 굳건히 세우라

우리 크리스천들에게 있어서 나라와 민족은 어떤 중요성을 갖는가? 나는 대전 국립현충원에 안장되어 있는 선친의 묘소에 종종 다녀온다. 친숙한 주변 묘들을 둘러보면서 나라와 민족에 대해 생각해볼 수 있다. 출생과 사망 연도, 장소, 공훈 내용, 유족들의 이름까지 비석에 다 기록되어 있어 안장된 사람의 인생사를 대충 짐작할 수 있다. 아내와 자녀가 둘 있는 공군 소령의 묘비는 당연히 예상할 수 있는 사연이 있어 보였다. 만 스무 살에 세상을 떠난 육군 이병은 아마도 전방에서 사고로 인한 안타까운 죽음을 맞았을 것이다. 90세가 넘어 세상을 떠난 한국전쟁

참전 상이용사의 묘도 나름의 울림을 주었다.

성경 속에도 국가와 민족을 위해 "당신은 무엇을 했는가?"라는 질문을 받고 응답한 사람이 있다. 2500년 전에 페르시아 제국에 살았던 사람, 그러나 망한 유다 왕국이 조국이었던 포로로 잡혀간 유대인의 후손, 그는 바로 느헤미야이다. 세계사 속에서 유대인의 역사를 보면 일찍이 페르시아 왕 고레스가 칙령을 발표하여 유대인들을 고국으로 돌아가게 했다(BC 538년). 스룹바벨의 인도 아래 제1차 귀환을 했고, 79년이 지난 BC 458년에 제사장 에스라가 유대인들을 이끌고 두 번째 귀환을 했다.

스룹바벨의 제1차 귀환 후에는 성전을 건축하고 유월절 제사를 회복하는 일이 있었고(스 5-6장), 에스라의 귀환 후에는 여호와 신앙과 도덕적인 타락을 극복하기 위한 회개와 개혁운동이 일어났다(스 7-10장). 그로부터 12년이 지난 때가 느헤미야 1장의 상황이다. 당시 느헤미야는 페르시아 왕 아닥사스다 1세의 측근인 왕의 술 관원으로 일하고 있었다. "하가랴의 아들 느헤미야의 말이라. 아닥사스다 왕 제이십년 기슬르월에 내가 수산 궁에 있는데… 이 사람들 앞에서 은혜를 입게 하옵소서 하였나니 그때에 내가 왕의 술 관원이 되었느니라"(느 1:1,11).

이런 상황 속에서 느헤미야가 과연 어떻게 조국과 민족을 위해 하나님에게 기도하고 일했는지 살펴보자.

하나님의 나라와 민족을 위해
쓰임받게 하소서

느헤미야는 당시 식민지 출신으로서 대단히 출세한 사람으로 왕의 술 관원이었다. 늘 왕의 곁에 있으면서 왕을 만나고 왕의 기분 전환을 위해 애쓰는 사람으로 왕이 가장 신임하는 사람이었다. 얼마든지 자기 자신과 가정을 위해 편안한 삶을 누리며 살 수 있었다. 그런데 느헤미야는 그냥 편하게만 지내기를 원하지 않았다. 느헤미야에게는 자기 조국에서 지내는 동족과 예루살렘 성에 대한 안타까운 마음이 있었다.

느헤미야의 동생 하나니가 예루살렘에 다녀와서 들려준 유대 백성들과 예루살렘 성의 형편을 듣고 눈물 흘리면서 며칠 동안 금식하며 기도했다(느 1:4). 느헤미야는 망한 조국이지만 예루살렘 성벽이 무너지고 성문이 불탔다는 소식을 들었다. 무엇보다 동족인 예루살렘 사람들이 고통을 당한다는 소식을 듣고 여러 날 슬퍼했다. 자신이 페르시아 제국 궁궐에서 누리는 편안함과 비교할 때 조국의 안타까운 상황에 대한 소식이 그의 마음을 슬프게 했다. 바로 이런 마음이 우리에게도 필요하다. 우리는 직장인으로서 성실해야 한다. 크리스천으로서 경건해야 한다. 그러나 동시에 느헤미야처럼 조국이 위기에 처했을 때 우리도 아픔을 느껴야 한다. 나라와 민족이 어려움을 겪을 때 우리는 더욱 안타까운 마음을 가지고 기도해야 한다.

우리 사회는 점점 더 개인주의가 만연해가고 있다. 생활의 모든 것이 자기중심적이며 기껏 관심의 폭을 넓힌다고 해봐야 자기 가정의 울타리를 벗어나지 못한다. 우리시대의 젊은이들은 자신을 주인공으로 삼아 '나나랜드'에서 자신만의 삶을 추구하는 것을 선호한다. 욜로족(YOLO族, You Only Live Once의 약자)이라고 해서 현재의 삶을 강조하는 것도 중요한 트렌드이다. 나르시시즘과는 거리가 멀기에 병적 자기애는 아니라고 강조한다. 그런데 진정한 자기 사랑은 이타적이라는 점을 놓치고 있어서 우려스럽다. 이런 점은 크리스천이라고 예외가 아니기에 더욱 안타깝다.

성경이 가르치는 바람직한 신앙생활의 목표를 바울이 설명해준다. "하늘에 있는 것이나 땅에 있는 것이 다 그리스도 안에서 통일되게 하려 하심이라"(엡 1:10). 이 명제 안에 사실 우리 민족과 국가와 세계의 문제가 다 들어 있다. 예수 그리스도, 그분이 역사와 미래의 중심이다. 계속해서 바울은 고린도후서에서 말한다. "우리의 싸우는 무기는 육신에 속한 것이 아니요 오직 어떤 견고한 진도 무너뜨리는 하나님의 능력이라. 모든 이론을 무너뜨리며 하나님 아는 것을 대적하여 높아진 것을 다 무너뜨리고 모든 생각을 사로잡아 그리스도에게 복종하게 하니"(고후 10:4-5).

여기서 말하는 '모든 생각'에는 우리 사회 구석구석에 숨어 있는 죄악의 문제를 비롯해서 우리의 바람인 남북통일 문제까지 다 포함될 수 있다. 세계 사람들의 가난, 질병, 반목, 질시, 불평등, 무력, 전쟁 등을 통해 자기의 힘을 과시하는 그 모든 부조리와 구조적인 모순을 다 포함한다. 그런 잘못된 세상의 힘을 극복하고 진정한 평화를 누리며 복된 삶을 살아갈 수 있는 근거가 바로 그리스도이다. 바로 이런 문제와 관련해서 나라와 민족의 현실과 장래의 문제를 놓고 우리는 얼마나 걱정하고 안타까워하는지 돌아보아야 한다.

조국의 현실을 안타깝게 생각한 느헤미야는 먼저 하나님에게 기도했다. 하늘의 하나님 앞에 금식하며 기도했다.

> "하늘의 하나님 여호와 크고 두려우신 하나님이여 주를 사랑하고 주의 계명을 지키는 자에게 언약을 지키시며 긍휼을 베푸시는 주여 간구하나이다"(느 1:5).

느헤미야는 조국의 문제를 마음속의 안타까움으로만 남겨두지 않았다. 그 문제를 하나님에게 기도하는 제목으로 삼았다. 마음의 염려를 주께 맡겨버렸던 것이다. 사도 베드로가 말한다. "너희 염려를 다 주께 맡기라. 이는 그가 너희를 돌보심이라"(벧전 5:7). 우리의 모든 걱정과 염려를 다 주님에게 맡기면 주님이 우리를 돌봐주신다고 약속하신다. 우리도 나라와 민족을 위해 기도해야 한다.

나라와 민족을 위해 염려하고 안타까워하는 마음을 가지고 있던 것을 기도로 승화시킨 사례는 신구약성경에 대표적으로 두 경우가 더 있다. 출애굽을 이끈 이스라엘의 지도자였던 모세와 초대교회의 사도였던 바울이다. 모세가 시내 산에 올라가서 하나님이 주신 십계명과 율법을 받을 때 40일이나 내려오지 않았다. 그때 산 아래에서 백성들이 금송아지를 만들어 놓고 그것을 하나님이라면서 우상 숭배했다. 모세는 화가 났고, 하나님도 대단히 진노하셨다. 우상 숭배하던 백성들을 다 멸망시키고 모세로부터 새롭게 민족을 시작하겠다고 하시는 하나님에게 모세는 간절히 기도했다.

"그러나 이제 그들의 죄를 사하시옵소서. 그렇지 아니하시오면 원하건대 주께서 기록하신 책에서 내 이름을 지워 버려주옵소서"(출 32:32).

모세는 죽어도 좋다고 했다. 더구나 자기 이름이 생명책에서 지워져도 좋다고 했다. 목숨을 건 기도보다 더 강도 높은 기도를 모세가 했다. 이렇게 모세가 단호하게 기도하며 민족을 사랑하는 모습을 볼 수 있다.

사도 바울도 이스라엘 민족이 복음을 배척하니 그들을 위해 간절한 자신의 심경을 표현했다.

"나의 형제 곧 골육의 친척을 위하여 내 자신이 저주를 받아 그리스도에게서 끊어질지라도 원하는 바로라"(롬 9:3).

믿음으로 구원받은 사람은 그리스도에게서 끊어지지 않는다. 바울은 그 사실을 잘 알고 있었다. 그런데 이렇게 안타깝게 민족을 사랑하고 염려하는 사람이 바울이었다.

모세와 바울, 이 사람들의 기도에는 동족에 대한 안타까움이 스며 있다. 그뿐만 아니라 그 문제를 하나님에게 전적으로 의뢰하는 신앙을 보여준다. 바로 이런 믿음이 오늘 우리에게도 필요하다. 우리가 모여서 대화하다 보면 사회적인 문제나 정치적인 이슈에 대해서도 이야기하곤 한다. 그럴 때 늘 부정적이거나 냉소적으로 이야기하는 사람들이 있다. 그런데 우리 크리스천들은 나라와 민족을 향해 긍정적인 마인드를 가져야 한다. 나라와 민족을 위해 기도해야 한다. "크리스천은 성경과 함께 신문을 나란히 봐야 한다"는 한 신학자의 말대로 성경적인 관점으로 우리 민족과 나라의 현실을 바라보면서 기도할 수 있어야 한다.

또한 느헤미야는 이런 내용으로 기도했다.

"이제 종이 주의 종들인 이스라엘 자손을 위하여 주야로 기도하오며 우리 이스라엘 자손이 주께 범죄한 죄들을 자복하오니 주는 귀를 기울이시며 눈을 여시사 종의 기도를 들으시옵소서. 나와 내 아버지의 집이 범죄하여 주를 향하여 크게 악을 행하여 주께서 주의 종 모세에게 명령하신 계명과 율례와 규례를 지키지 아니하였나이다"(느 1:6-7).

느헤미야는 조국 유다 왕국이 겪은 어려움의 원인을 분명히 알고 있었다. 자신을 포함해서 조상들이 하나님 앞에 죄를 범해서 그런 징계로 이어졌음을 하나님에게 고백했다. 유다가 망한 이유는 하나님의 말씀에서 벗어났기 때문이었다. 그 사실을 강조했다. 핵심을 제대로 본 것이다. 유다 왕국이 망한 이유는 바로 우상 숭배의 죄 때문이었다. 하나님을 의지하지 않고 바알 신과 아세라 신, 이방 신들을 섬기고 세상 문화에 빠져든 죄악 때문이었다. 이렇게 역사를 바로 보는 안목이 느헤미야에게 있었다.

이런 안목은 느헤미야보다 10여 년 먼저 백성들을 이끌고 귀환한 에스라를 통해서도 볼 수 있다. 포로생활에서 해방되어 귀환했는데, 백성들 중에 이방 여인과 결혼했고 자식들까지 낳은 사람들이 많았다. 백성들만 그런 것이 아니라 제사장과 레위사람들 중에도 그렇게 율법을 어긴 사람들이 많았다. 이때 문제의 본질을 본 에스라가 성전 앞에서 엎드려 울면서 회개했다. 에스라는 이방 여인을 아내로 맞은 일이 없지만 민족의 죄를 회개하며 하나님의 용서를 구했다(스 10장). 이 일로 결국 유다 백성들에게 회개운동이 일어나고, 이방 여인들과 결혼한 사람들이 아내와 자녀들을 떠나보냈다. 반대자들이 있었지만 결국 이 일을 통해 유다 백성들이 회복되었다. 에스라가 바른 역사의식으로 유다 민족이 겪는 문제의 원인이 무엇인지 제대로 보았기에 회복과 부흥운동이 가능했다.

하나님의 뜻은 백성들을 망하게 하는 것이 결코 아니다. 민족의 우상 숭배를 고백하며 회개하는 느헤미야는 하나님의 말씀을 인용하면서 하나님의 약속을 언급한다. "옛적에 주께서 주의 종 모세에게 명령하여 이르시되 만일 너희가 범죄하면 내가 너희를 여러 나라 가운데에 흩을 것이요 만일 내게로 돌아와 내 계명을 지켜 행하면 너희 쫓긴 자가 하늘 끝에 있을지라도 내가 거기서부터 그들을 모아 내 이름을 두려고 택한 곳에 돌아오게 하리라 하신 말씀을 이제 청하건대 기억하옵소서. 이들은 주께서 일찍이 큰 권능과 강한 손으로 구속하신 주의 종들이요 주의 백성이니이다"(느 1:8-10). 결국 회개하면 하나님이 용서하시고 회복시켜주신다는 사실을 느헤미야는 기도하고 있다. 이렇게 느헤미야는 하나님의 말씀을 의지하면서 용서와 회복을 간구했다.

나라와 민족을 위해서 회개하며 기도하던 느헤미야의 마음속에는 해야 할 일이 떠올랐다. 느헤미야는 자신이 예루살렘으로 달려가 무너진 성을 다시 쌓고 유다 왕국을 재건해야 하겠다는 결심을 한다. 일단 그런 마음을 갖게 된 느헤미야의 마음은 급했을 것이다. 당시 느헤미야는 왕의 측근 신하인 술 관원이었다. 그 일을 계속 해서는 문제를 해결할 수 없겠다는 급한 생각이 들었을 수도 있다. 그러나 이때 느헤미야는 감정에 사로잡혀 서두르지 않았다. 오히려 자신의 지위와 하고 있는 일을 통해 예루살렘의 회복을 도모할 수 있겠다고 판단했다. 그래서 왕에게 인정받기를 기도했다.

"주여 구하오니 귀를 기울이사 종의 기도와 주의 이름을 경외하기를 기뻐하는 종들의 기도를 들으시고 오늘 종이 형통하여 이 사람들 앞에서 은혜를 입게 하옵소서" (느 1:11).

여러 날을 기도한 느헤미야는 4개월 후에 아닥사스다 왕과 대화할 수 있는 기회를 얻었다. 은혜를 입게 해달라고 하나님의 응답을 구했는데, 하나님의 긍휼이 제국의 치리자를 통해 임했다. 그래서 결국 느헤미야는 유다 총독으로 부임해서 예루살렘 성의 재건을 시도할 수 있었다. 나라와 민족을 위해 기도했던 한 사람이 결국은 그의 조국 유다를 재건하고 회복시키는 귀한 일을 해냈다.

오늘도 바로 이런 하나님의 사람이 필요하다. 하나님은 이 나라의 회복을 위해서 이런 사람을 찾으신다. 오늘 우리나라의 현실에 대해서 안타까움과 문제의식을 가지고 기도할 수 있어야 한다. 바르게 현실을 파악해야 한다. 문제는 나에게서 시작된다. 회개는 내가 먼저 해야 한다. 민족의 죄, 하나님을 제대로 믿지 않은 죄를 내가 회개하는 올바른 역사의식이 우리에게 필요하다. 하나님의 말씀을 통해 희망과 비전을 바라볼 수 있다. 우리는 그 일을 감당하기 위해 오늘 우리의 일에 성실하고 탁월할 수 있어야 한다. 우리의 기도와 성실하게 감당하는 일을 통해 애국이 가능하다. "네가 자기의 일에 능숙한 사람을 보았느냐 이러한 사람은 왕 앞에 설 것이요 천한 자 앞에 서지 아니하리라"(잠 22:29). 나라와 민족 앞에 선 나의 존재를 분명하게 느끼며 멋진 직업인으로 살아가야 한다.

일하며 매 순간
화살기도를 날리다

민족의 회복이라는 하나님 나라의 소망을 가지고 있던 느헤미야는 이후에도 일을 추진해나가는 과정에서 수시로 기도하는 모범을 보여주고 있다. 그 과정을 살펴보면 기도하고 일하던 사람 느헤미야의 진면목을 확인할 수 있다. 느헤미야가 예루살렘 사람들과 성벽에 대한 문제의식을 가지고 기도를 시작했던 때는 아닥사스다 왕 20년 기슬르월이었다(느 1:1). 이후 4개월 뒤인 니산월에(느 2:1) 느헤미야의 기도에 대한 하나님의 응답이 왔다. 민족의 어려움을 해결하기 위한 목적의식이 분명하고, 아마도 금식하며 기도했을 느헤미야는 왕 앞에서 수심(愁心)에 찬 표정을 얼굴에 나타내고 말았다. 민족의 회복을 위해 고민했던 느헤미야는 왕이 자기의 근심하는 표정을 보고 관심을 보여주는 절호의 기회를 놓치지 않았다. 느헤미야는 지금까지 4개월여 동안 계속하여 이 문제를 가지고 기도해왔는데, 또한 왕에게 자신의 고민을 말할 기회가 되자 하나님이 은혜를 주시길 다시 한 번 기도하는 일을 잊지 않았다. 이때 느헤미야는 하나님에게 잠시 묵도(默禱)했다(느 2:4).

소리 내지 않고 하는 이 짧은 기도를 '화살기도'(arrow prayer)라고 표현할 수 있다. 역사극 드라마나 영화의 전쟁을 앞둔 장면에서 종종 메시지가 적힌 종이를 화살에 묶어 날리는 장면을 볼 수 있다. 그와 비슷하게 급한 도움이 필요할 때 하나님에게 날리는 기도가 화살기도이다. 성 어거스틴은 하나님에게 속달로 전하는 메시지가 '화살기도'라고 했다. 19세기 이탈리아의 사제이자 교육자로 가난한 아이들을 위한 살레지오회를 설립한 조반니 돈 보스코는 화살기도를 가리켜 '상인(商人)의 기도'라고 불렀다. 치열한 비즈니스 세계에서 바쁘게 활동하는 사람이 바쁜 일과 중에서도 짧은 기도를 드리면서 주님께 자신의 상황과 문제를 알려드리는 좋은 방법이라고 적극 권했던 기도 방법이다.

또한 느헤미야가 이때 했던 화살기도는 일터의 상황으로 보면 상사에게 결재를 받기 전에 하나님에게 기도하는 것이기도 하다. 사실 바삐 돌아가는 일터의 상황에서 이런 마음의 여유를 갖는 일은 그리 쉽지 않다. 그러나 이런 자세는 우리 자신이 해야 할 일을 하나님에게 모두 맡기고 그분의 뜻에 따라 모든 일을 처리하겠다는 자세이다. 오늘 우리 직장인들이 효과적으로 화살기도를 활용할 수 있다.

이렇게 일을 위해서 기도하는 것과 결부하여 또 한 가지 중요한 것이 있다. 아마도 느헤미야는 하나님이 왕을 통해 자신의 계획을 이루어주실 것을 기도해왔을 것이다. 그렇다고 느헤미야가 기도만 하고 아무런 준비를 하지 않았던 것은 아니다.

그는 평소에 열심히 일했던 대로 그가 새롭게 하려고 준비한 일에 대해서도 이미 세밀한 계획까지 세워놓고 있었다. 그것을 왕에게 즉시 보고했다. 사실 왕의 관심사는 국정 전반이었다. 왕은 "네가 몇 날에 다녀올 길이며 어느 때에 돌아오겠느냐"(느 2:6)라고 물었다. 왕은 신임하는 신하 느헤미야가 왕궁에 머무르며 자신을 직접 돕기를 바라고 있었다. 느헤미야가 가진 능력과 자질을 보고 측근 신하로 발탁했을 것이니 왕의 생각은 당연했다. 그런데 갑작스럽게 느헤미야가 자기 조국의 일(물론 그것도 제국의 일이긴 하지만)을 위해 중앙 정부의 요직을 감당하지 못한다면 왕으로서도 느헤미야의 예루살렘 행을 허락하기가 쉽지 않았을 것이다. 느헤미야는 윗사람인 왕의 그런 심사를 충분히 읽어냈다. 그래서 지혜롭게 자신이 돌아올 기한을 정해 예루살렘 행을 허락받았다. 자신이 해야 할 일을 위해 많은 시간 동안 기도하면서 치밀하게 준비하여 윗사람의 신임을 얻어냈던 것이다.

이후 예루살렘에 도착한 느헤미야가 성벽 재건과 백성들의 부흥, 회복운동을 주관할 때도 수시로 기도하는 모습을 보여주었다. 느헤미야는 예루살렘 성벽 건축공사를 하면서 숱한 어려움에 직면했다. 패배의식과 체념에 빠진 유다 백성들을 이끄는 리더십을 발휘해야 했고, 산발랏과 도비야 등 주변의 기득권 세력의 집요한 외부적인 방해공작에도 대응해야 했다. 그런 가운데 치명적인 내부의 어려움 때문에 고민하기도 했다. 먹을 양식이 없는 가난한 백성들에게 고리대금업을 하던 채권자들이 횡포를 부렸던 것이다. 느헤미야는 성벽 건축이라는 당면과제가 있었지만 이런 해묵은 내부문제도 덮어두지 않았다. 사태 해결을 위해 백성들의 소리에 귀를 기울였고, 사태를 파악한 후 부유한 유대인들의 이기적인 탐욕과 무자비함에 대해 분노했다.

느헤미야는 원칙에 근거해서 조치했다. 구약의 율법에는 가난한 동족, 이스라엘 사람에게는 돈을 꾸어주더라도 이자를 받지 말라는 규정이 있다(출 22:25). 물론 외국인에게는 돈을 빌려주고 이자를 받을 수 있었다(신 23:19-20). 느헤미야는 백성들에게 이 율법을 지키게 하여 굶주리는 백성들을 상대로 채권자들이 불법으로 번 돈을 상환하도록 조치했다(느 5:11).

또한 느헤미야는 자신이 총독으로 세움받은 사실과 자신의 정치적인 특징에 대해 간략하게 언급했다. 그가 하는 말은 일종의 양심선언인데, 하나님을 경외하기 때문에 이전 지도자들의 당연한 관행도 포기했다는 점이 핵심이다(느 5:14-15). 그간의 총독들은 봉급 외에도 각종 명목으로 백성들을 착취하고 그 부하들도 백성들을 압제했으나 느헤미야는 그런 관행을 일절 없앴다는 것이다. 느헤미야는 부동산 투기도 하지 않고 자신의 휘하에 있는 공무원들도 성벽 건축하는 일을 함께 나서서 했다. 또한 자신의 돈을 들여 수많은 백성들을 먹이기도 했다. 그러면서도 총독의 봉급조차 받지 않은 이유는 백성들이 일하는 것이 너무 중했기 때문이라고 말했다(느 5:16-18). 이 얼마나 백성들을 사랑하는 청렴결백한 지도자인가?

느헤미야는 이렇게 기도했다. 이것도 일종의 화살기도이다.

"내 하나님이여 내가 이 백성을 위하여 행한 모든 일을 기억하사 내게 은혜를 베푸시옵소서"(느 5:19).

자칫 이기적인 기도로 들릴 수도 있지만 이 기도는 하나님의 인정과 은혜만이 자신의 유일한 보상이라는 고백이다. 자신의 행동을 주님이 알아주시는 것만으로 만족하겠다는 기도인 셈이다. 느헤미야는 노블레스 오블리주(noblesse oblige, 높은 사회적 신분에 상응하는 도덕적 의무를 뜻하는 말)를 제대로 실천한 사람이었다.

이후 성벽 건축을 거의 마쳐갈 무렵에도 심각한 위기가 닥쳤다. 지금까지 성벽 건축을 방해하던 반대자들이 힘을 합하여 기만과 회유의 술책으로 도전해왔다. 우선 그들은 느헤미야에게 휴양지에서 만나자고 했다(느 6:1-2). 그러나 느헤미야는 해코지하려는 술책인 줄 알고 일절 응하지 않았다. 회유와 기만 술책이 통하지 않자 반대자들은 전략을 바꾸었다. 봉하지 않은 편지를 인편을 통해 느헤미야에게 보냈다. 이렇게 '봉하지 않은 편지'를 보낸 의미는 봉하지 않았으니 누구나 알고 있는 사실이라는 뜻이다. 그 편지의 내용은 느헤미야가 모반을 꿈꾼다는 황당한 거짓말이었다(느 6:5-7).

이때도 느헤미야는 단호히 거절하면서 그런 심각한 문제를 하나님에게 가지고 가서 이렇게 기도했다.

"이제 내 손을 힘 있게 하옵소서"(느 6:9).

느헤미야의 기도를 조금 길게 풀면 이런 기도였을 것이다. "반대자들의 헛된 기만 술책과 유언비어가 모두 소용없게 하시고, 제가 힘을 내어 주의 일을 마칠 수 있는 능력을 주소서." 느헤미야가 지금까지 어려운 문제를 겪을 때마다 늘 그랬던 것처럼 우리도 어려움을 겪을 때 당장 주님께 엎드릴 수 있어야 한다. 화가 나서 반대자들을 맞상대하느라 힘을 다 소진하지 말고, 하나님에게 기도하면 하나님이 그 문제를 해결해주신다. "너의 행사를 여호와께 맡기라. 그리하면 네가 경영하는 것이 이루어지리라"(잠 16:3).

온갖 방해 공작을 다해도 느헤미야가 녹녹한 사람이 아니라는 사실만 확인했던 반대자들은 최후의 방법을 모색했다. 스마야라는 내부 사람을 통해 느헤미야를 죽이겠다고 협박했다. 스마야는 느헤미야에게 성전으로 도망가서 자기와 함께 숨어야 죽음의 위협을 피할 수 있다고 조언했다. 그러나 느헤미야는 거절했다. 제사장도 아닌 느헤미야가 성전에 들어가서 숨는 것은 율법에 어긋나는 일임을 알았기 때문이다. 또한 느헤미야는 스마야가 뇌물을 받고 헛된 말을 한다는 사실을 간파했다. 느헤미야는 이번에도 하나님에게 기도했다.

"내 하나님이여 도비야와 산발랏과 여선지 노아댜와 그 남은 선지자들 곧 나를 두렵게 하고자 한 자들의 소행을 기억하옵소서"(느 6:14).

느헤미야는 억울함을 토로하며 하나님에게 악행을 일삼는 자들을 고발하고 있다. 일터에서 어려움을 겪을 때 화살기도를 날리는 일은 느헤미야의 주특기였다.

느헤미야가 페르시아 왕궁에 돌아갔다가 다시 예루살렘 성으로 돌아와서 개혁운동을 할 때도 역시 기도하는 모습을 볼 수 있다. 아닥사스다 왕에게 갔다가 돌아왔을 때였다. 성전에서 제사를 위해 사용해야 하는 큰 방을 제사장 엘리아십이 결탁하여 도비야에게 내주었다. 이런 비리에 대해 느헤미야는 단호했다. 느헤미야는 아예 도비야의 책상을 뺐다(느 13:8). 또한 느헤미야는 율법 말씀의 규정대로 대우받지 못하는 사람들에 대한 관심도 잊지 않았다. 성전에서 섬기는 레위 사람들이 받아야 할 생활비를 제대로 받지 못한다는 사실을 확인한 후 적절한 조치를 취했다(느 13:10-13).

이런 개혁운동을 단행하면서 느헤미야는 하나님의 뜻을 따라 처리하는 모든 일이 실패하지 않도록 하나님에게 기도했다.

> "내 하나님이여 이 일로 말미암아 나를 기억하옵소서. 내 하나님의 전과 그 모든 직무를 위하여 내가 행한 선한 일을 도말하지 마옵소서"(느 13:14).

일을 하면서 그 일이 하나님의 인도하심을 따라 진행될 수 있도록 기도하는 느헤미야의 모범을 우리도 배울 수 있어야 한다.

또한 안식일 준수가 제대로 되지 않는 상황에 대해서 느헤미야는 역시 강경책을 썼다. 먼저 유다의 지도층을 꾸짖었고, 아예 안식일이 시작되는 금요일 저녁에는 예루살렘 성문을 닫아 버렸다. 안식일 전날에 성 밖에서 잠을 자는 자들에게도 엄포를 놓아 다시는 오지 못하게 했다. 레위인들이 책임을 지고 성문을 지키면서 안식일에 일하지 못하도록 강경한 조치를 취하기도 했다(느 13:18-22). 이때도 느헤미야는 하나님에게 화살기도를 드렸다.

> "내 하나님이여 나를 위하여 이 일도 기억하시옵고 주의 크신 은혜대로 나를 아끼시옵소서"(느 13:22).

유다 사람들이 이방 여인들을 맞아 아내로 삼는 심각한 사회 문제에 대해서도 느헤미야는 개혁을 시도했다. 그 사람들을 책망하고 체벌한 후 호론 사람 산발랏의 사위가 된 대제사장의 증손자는 아예 성전에서 쫓아냈다. 그리고 느헤미야는 또 기도했다.

"내 하나님이여 그들이 제사장의 직분을 더럽히고 제사장의 직분과 레위 사람에 대한 언약을 어겼사오니 그들을 기억하옵소서. 내가 이와 같이 그들에게 이방 사람을 떠나게 하여 그들을 깨끗하게 하고 또 제사장과 레위 사람의 반열을 세워 각각 자기의 일을 맡게 하고 또 정한 기한에 나무와 처음 익은 것을 드리게 하였사오니 내 하나님이여 나를 기억하사 복을 주옵소서"(느 13:29-31).

이렇게 느헤미야는 성전과 주일성수와 결혼생활의 개혁, 즉 교회와 직장과 가정의 개혁을 종합적으로 해냈다. 그 개혁에 대해 **빠뜨리지 않고** 언제나 기도하며, 하나님이 그 개혁을 가능하게 하고 이루어내실 것을 간구했다. 간절한 마음으로 날리는 화살기도를 통해 고국 유다와 민족을 향한 열정과 사랑을 보여준 느헤미야를 우리도 배워야 한다.

무장한 건축가들, 방해공작에 맞서
기도하며 일하다

느헤미야는 고국에 총독으로 부임해서 예루살렘 성벽을 재건하는 사업을 진행했다. 그래서 성벽이 제 모습을 찾아가자 처음부터 느헤미야에게 집적거리던 사람들이 결정적인 방해를 시도했다. 호론 사람 산발랏, 그에 동조하는 암몬 사람 도비야 같은 자들은 당시 예루살렘부터 이집트에 이르기까지 넓은 지역에 정치 경제적 영향력을 행사하던 사람들이었다. 이들이 예루살렘 성벽 건축을 격렬히 반대하던 이유는 분명했다. 예루살렘이 안정되면 자신들의 정치적인 영향력과 경제적인 이권이 약화될 것이기 때문이었다.

느헤미야는 이런 반대자들의 비난을 이기기 위해 우선 기도했다. 반대자들이 내뱉는 비난과 저주의 말, 그들의 행동을 하나님께서 보응하고 심판해주시기를 기도했다.

"우리 하나님이여 들으시옵소서. 우리가 업신여김을 당하나이다. 원하건대 그들이 욕하는 것을 자기들의 머리에 돌리사 노략거리가 되어 이방에 사로잡히게 하시고 주 앞에서 그들의 악을 덮어 두지 마시며 그들의 죄를 도말하지 마옵소서. 그들이 건축하는 자 앞에서 주를 노하시게 하였음이니이다"(느 4:4-5).

오늘 우리도 일하면서 반대자들의 방해와 압력을 받는다면 느헤미야처럼 하나님께 모든 문제를 맡기는 기도를 할 수 있다. 사도 바울의 가르침대로 우리가 친히 원수를 갚지 말고 하나님의 진노하심에 맡기면 된다(롬 12:19). 기도하면서 우리의 할 일을 하는 것이다. 느헤미야도 비난을 받았지만 중단하지 않고 계속 성벽 건축을 진행하다 보니 성벽 전체가 연결되었고, 높이도 절반에 이르렀다(느 4:6).

영화 〈아폴로 13〉(Apollo 13, 론 하워드 감독, 1995)을 보면 달을 향해 가던 우주선이 지구로부터 2만 마일 떨어진 우주 공간에서 오도 가도 못하던 실제 상황을 그리고 있다. 물론 우주선 아폴로 13호는 무사히 귀환했는데 영화에서 묘사하는 우주선 귀환의 요인은 두 가지이다. 우주 비행사들의 집념과 팀워크, 그리고 나사 관제요원들의 전문가 정신과 열정이었다. 그러나 또 하나, 우주인들이 귀환한 실제적인 요인이 있었는데 영화에서는 의도적으로 무시했다. 그것은 바로 '기도'였다. 당시 닉슨 대통령은 국민들에게 함께 기도하자고 호소했고, 전 세계의 크리스천들이 우주인들의 생환을 위해 기도했다.

당시 아폴로 13호는 지구의 대기권을 돌파할 때 발생하는 1천 도가 넘는 열을 막아낼 단열재가 붙어 있지 않은 달착륙선으로 돌아올 수밖에 없었다. 비행모선의 배터리 문제 때문이었다. 그런데 결국 그 작은 비행선으로 대기권을 무사히 통과했다. 귀환한 한 우주비행사도 인터뷰를 하면서 기도가 기적을 가져왔다고 고백했다. 태평양에 떨어진 달착륙선을 미군 함정이 건져낸 후 찬란한 햇빛을 받으며 밖으로 나온 우주비행사들이 가장 먼저 한 일이 무엇인지 아는가? 해군 군목과 함께 하나님에게 감사기도를 드리는 일이었다. 그들이 기도하는 사진이 〈TIME〉지 표지에도 등장했다. 어려움에 처했을 때 기도하며 최선을 다해 일하는 것이 문제를 해결하는 방법이라는 사실을 아폴로 13호의 귀환사건이 잘 보여주고 있다.

느헤미야를 말로만 비난하던 외부세력들은 이제 구체적인 위협을 가하면서 성벽 완공을 앞두고 있는 예루살렘 성을 포위해 왔다. 북쪽으로 산발랏과 사마리아인들, 서쪽으로 도비야와 암몬 사람들, 남쪽으로 게셈과 아라비아 사람들, 동쪽으로 아스돗 사람들까지 합세해서 예루살렘을 완전히 고립시켰다(느 4:7-8, 11-12). 더구나 이런 외부적인 위협이 구체화되었기 때문인지 내부적으로도 실망과 좌절의 분위기가 고조되었다. 성벽을 쌓는 사람들은 피곤에 지치기도 했거니와 성벽 건축 일이 방해를 받아 늦어지면서 좌절하여 비관론이 점점 확산되어갔다(느 4:10).

위기는 보통 이렇게 안팎으로 동시에 오는 것이 보통이다. 이런 위기는 어떻게 극복해야 하는가? 느헤미야가 이 어려움을 해결한 방법은 매우 적절했다. 역시 기도하면서 문제를 풀려고 했던 느헤미야는(느 4:9) 외부적인 위협과 내부적인 좌절의 문제를 동시에 해결하기 위해 한 손에 망치를 들고 다른 한 손에는 무기를 잡기로 했다. 그야말로 '창을 든 건축가'가 되었던 것이다. 무기를 들고 선 백성들을 향해 느헤미야는 이렇게 독려했다. "너희는 그들을 두려워하지 말고 지극히 크시고 두려우신 주를 기억하고 너희 형제와 자녀와 아내와 집을 위하여 싸우라"(느 4:14).

이후 유다 백성들은 성벽 건축을 마치기까지 칼을 차고 일했다. "다 각각 한 손으로 일을 하며 한 손에는 병기를 잡았는데"(느 4:17). 그리고 조를 짜서 일종의 예비병력까지 확보해두는 치밀함을 보였다(느 4:19-20). 위기가 닥치면 언제든 대처할 수 있는 방안을 마련하여 철저히 외부의 위협에 대비함을 통해 내부적인 해이함마저 극복했던 것이다. 그리고 느헤미야는 그 자신과 그의 측근들이 먼저 모범을 보여 예루살렘 성 안에서 숙식을 해결하면서 일했다. 밤에도 옷을 벗지 않고 대기상태에서 잠을 자면서 솔선수범했다(느 4:21-23).

이렇게 느헤미야는 큰 위기를 막아내는 일도 하면서 성벽 건축하는 일을 잘 감당했다. 기도하니 그런 지혜를 얻을 수 있었다. 느헤미야에게서 위기를 극복하는 지혜로운 방법을 배울 수 있다. 무엇보다 먼저 기도해야 한다. 위협이 심각하니 방비하는 것이 먼저라고 말하지 말아야 한다. 느헤미야는 심각한 방해 앞에서 하나님에게 기도하며 파수꾼을 두어 방비했다. 하나님에게 기도하면서 문제를 해결할 지혜를 구할 수 있다. 하나님이 우리에게 큰 지혜를 주실 것이다. "너희 중에 누구든지 지혜가 부족하거든 모든 사람에게 후히 주시고 꾸짖지 아니하시는 하나님께 구하라. 그리하면 주시리라"(약 1:5).

느헤미야가 민족의 아픔을 자신의 문제로 여기며 쓰임받기를 기도할 때 하나님은 세상 치리자의 마음을 주장하여 길을 열어 주셨다. 느헤미야가 민족의 문제를 해결하려고 노력한 일은 곧 하나님의 나라를 세우는 일이었다. 오늘 우리에게도 하나님은 조국과 민족을 위해 기도하며, 결국 하나님의 나라를 건설하는 사명을 다하기를 기대하신다. 일하며 매 순간 화살기도를 하나님에게 날린 느헤미야처럼 우리도 일하면서 하나님과 동행해야 한다. 하나님과 함께 일하는 사람들은 느헤미야처럼 위기가 닥치고 심각한 방해공작이 있어도 제대로 일할 수 있는 지혜를 얻을 수 있다. 창을 든 건축가들이 예루살렘 성벽의 막바지 공사를 위해 조를 나누어 일하던 모습을 상상해보라.

하나님은 기도하며 일하던 예루살렘 사람들에게 큰 기쁨을 허락하셨다. "성벽 역사가 오십이 일 만인 엘룰월 이십오일에 끝나매 우리의 모든 대적과 주위에 있는 이방 족속들이 이를 들고 다 두려워하여 크게 낙담하였으니 그들이 우리 하나님께서 이 역사를 이루신 것을 앎이니라"(느 6:15-16). 오늘 우리도 일터와 조국을 위해 기도하며 일할 때 하나님이 허락하시는 하나님 나라의 도래를 경험하는 영광을 누릴 수 있을 것이다.

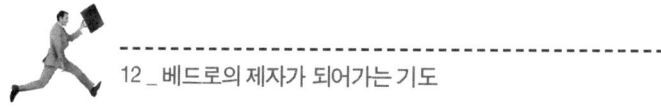
12 _ 베드로의 제자가 되어가는 기도

험난한 사명자의 길,
기도하며 용기 있게 걸어가라

신약성경의 복음서와 사도행전에서 자주, 서신서에서도 종종 만날 수 있는 사람, 베드로는 어떤 성경 인물보다 더 친숙하게 느껴진다. 더구나 베드로는 기질로 따져보면 거의 틀림없이 '다혈질'에 속하는 사람이었다. 하늘 높은 줄 모르고 올라갔다가도 골짜기가 깊은 줄 모르고 떨어지는 사람이기도 했다. 극과 극을 달린다고 할까? 인생 사인곡선의 높낮이 편차가 꽤 큰 대표적인 사람이었다. 제자들 중에서 대표격인 수제자의 역할을 했으니 더욱 자주 노출되었고, 칭찬도, 꾸지람도 다 받았어야 했다. 그러다 보니 인품의 바닥마저 드러난 것 같은 베드로가 바로 나와 비슷하다는 생각이 든다. 성경에 묘사된 베드로의 모습에 동병상련을 느끼는 사람들이 꽤 있을 것이다.

특히 기도의 관점으로 베드로를 살펴보니 그는 기도에 대한 깨달음을 많이 얻은 제자였다. 예수님과 함께하면서 기도에 대해 배웠고, 제자의 삶이라는 정황 자체가 기도와 매우 밀접할 수밖에 없었다. 어쩔 수 없이 배웠던 기도를 통해 베드로는 제자로 만들어져갔고, 결국 복음 전파의 사명을 다할 수 있었다. 베드로가 예수님에게 배운 기도의 교훈을 통해 역시 21세기를 살아가는 제자의 삶을 배워갈 수 있을 것이다.

"주여, 나를 구하소서!"
단숨기도로 살려달라 외치다

예수님의 제자였던 베드로가 기도에 대해서 배울 수 있는 기회가 몇 차례 있었다. 대표적인 사건 하나는 풍랑이 몰아치는 바다에서 베드로가 물 위로 오신 예수님을 향해 걷다가 빠졌던 경험이다(마 14:22-33). 그날의 사건이 있기 전날 저녁에 예수님은 제자들을 재촉하여 갈릴리 호수로 보내 건너편으로 가게 하셨다. 그리고 예수님은 기도하러 산으로 가셨다. 제자들을 보내놓고 예수님은 산으로 가셨다니 어쩐지 분위기가 좀 이상하다.

배가 호수 한가운데에 있는데 갑자기 돌풍이 불기 시작했고, 제자들이 밤새도록 고생했다. 밤 사경(새벽 3-6시 사이)이 되었을 때에야 예수님이 제자들에게 오셨다. 전날 초저녁쯤에 헤어졌는데 제자들이 바다에서 초주검이 될 때까지 기다렸다가 예수님이 오신 것이다. 사실 정상적인 항해를 했다면 그 시간쯤에는 반대편 목적지에 건너가고도 남았을 것이다.

이 제자들의 항해 길이 우리의 인생길과 비슷하다. 같이 가셔도 될 텐데 예수님은 굳이 제자들만 보내셨다. 그 시간에 예수님은 산에서 기도하셨다. 예수님은 지금도 살아계셔서 우리를 위해 하나님에게 간구하고 계신다(히 7:25). 이렇게 오늘 우리의 모습과 겹쳐지는 그림을 제자들의 항해 길에서 볼 수 있다. 제자들이 갑자기 풍랑을 만나서 밤새 고생한 것같이 우리 인생도 어느 날 닥쳐온 풍랑으로 인해 말할 수 없는 고통을 겪기도 한다. 이런 풍랑은 우리 인생에서 여러 모습으로 찾아온다. 갑작스럽게 닥친 질병으로 오기도 하고, 새로운 일을 하느라 정신 못 차리는 모습으로도 온다. 또한 인생의 풍랑은 경제적인 실패로도 온다. 실직의 위기를 겪기도 한다. 믿음을 잃고 세상에서 방황하는 신앙적 좌절의 모습으로도 찾아온다. 주님이 주도하시는 인생길이지만 고통이 없지 않다. 이것이 인생이다.

이렇게 제자들이 바다 한가운데서 풍랑을 만났을 때 희끄무

레하게 날이 밝아오려고 하는데 한 사람이 바다 위로 걸어왔다. 다들 유령인줄 알았다. "안심하라. 나니 두려워하지 말라"고 말씀해주셨을 때에야 비로소 바다 위를 걷는 사람이 예수님이라는 사실을 알았다. 바로 이런 상황에서 감격한 베드로가 자기도 한 번 물 위로 걸어보겠다 했고, 예수님이 허락하셨다. 당시에 누구나 두려워할 때 베드로가 보여준 행동은 참으로 신선한 충격이었다. 그것은 베드로도 전혀 해보지 않았던 모험이었다. 베드로는 배 위에서 널빤지 한 장에 의지해 풍랑 몰아치는 망망대해에 떠 있었다. 그 배의 바닥 널빤지가 없으면 그는 물에 빠져 죽는다. 그것을 누구보다도 잘 알고 있는 사람이 평생 어부생활을 한 베드로였다.

그러나 그가 주님에게 자기도 물 위로 걷기를 요구하는 것은 이제 그가 풍랑이 몰아치는 무서운 바다 위에서 널빤지 한 장에 자신을 의지하지 않고 예수 그리스도께 자신을 맡기겠다는 결심을 했던 것이다. 이것이야말로 "널빤지냐, 예수 그리스도냐" 하는 인생의 도박이었다. 물 위에서 빠지느냐 빠지지 않느냐를 놓고 하는 도박은 뻔하다. 당연히 빠진다. 그것은 하나님이 만드신 중력의 법칙이다. 그런 면에서 베드로는 용기 있는 도전을 시도했다. 어떤 다른 제자도 나서지 않았으나 주님과 같이 걷겠다고 모험하는 인생을 보여주었다. 베드로는 폭풍이 몰아치는 바다 위에서 그리스도만을 바라보고 맨발로 걸었다. 물론 왜 겁이 안 났겠는가? 베드로는 한 번도 물 위에서는 걸어본 적이 없었다. 베드로가 평생 그 갈릴리 바다에서 물고기를 잡으며 살았지만 물에 발이 닿았을 때 떠 있었던 적은 한 번도 없었다. 겁내는 것이 당연하다.

그런데 예수님의 말씀을 따라 물 위를 걸은 베드로가 도대체 몇 걸음이나 걸었을까? 정신을 차리고 보니 발밑에서 물이 출렁거렸다. 그러자 베드로가 물에 빠지기 시작했고, 거의 동시에 소리를 질렀다. 우리 성경에야 점잖게 "주여, 나를 구원하소서!"라고 표현했지만 사실 이때 베드로가 어떻게 소리를 질렀을까 짐작할 수 있다. 체면이고 뭐고 생각할 겨를도 없이 "주님, 살려주세요!"라고 소리쳤을 것이다. 이 찰나의 순간, 베드로가 물에 빠지는 위급한 상황에서 예수님에게 살려달라고 소리친 것이 바로 기도이다. 급할 때 짧은 말로 표현하는 기도였다. 주님을 부르고는 살려달라고 외쳤다.

3세기경부터 이집트의 스케테 사막에서 은둔생활을 시작했던 사막 교부들(Desert Fathers)은 '숨기도'(breath prayer) 혹은 '단숨기도'를 가르쳤다. 숨을 내쉬며 단숨에 말할 수 있는 짧고 간단한 기도를 의미한다. 이 단숨기도에 대해서는 키프로스의 수사였던 압바 마카리오스를 통해 단서를 발견할 수 있다. 사람들이 그에게 어떻게 기도해야 하는지 물었다. 그때 마카리오스가 이렇게 대답했다. "긴말을 하지 말아야 한다네. 손을 들고 '주님, 당신께서 원하시고 아시는 대로 나를 불쌍히 여겨주시옵소서!'라고 자주 말하게. 만약 싸움이 계속된다면 '주님, 나를 도와주시옵소서!'라고 말하게. 주님께서는 우리에게 적합한 것을 알고 계시므로 우리에게 자비를 베풀어주실 것이네"(두란노아카데미 편집부, 「사막 교부들의 금언집: 기독교고전총서 8」(서울: 두란노아카데미, 2011), 252쪽).

불쌍히 여겨달라는 압바 마카리오스의 기도는 예수님의 비유 중에 세리가 가슴을 치며 기도하던 "하나님이여 불쌍히 여기소서. 나는 죄인이로소이다"(눅 18:13)에서 나온 것이다. 리처드 포스터는 이 기도가 14세기에 이르러 동방정교회에서 수정되었고, 동방정교회의 경계를 넘어 오늘날 모든 그리스도인에게 영향을 미쳤다고 평가한다. 그래서 자신에게 필요한 짧은 기도를 하나님에게 개인적으로 친밀하게 말하라고 권하고 있다(리처드 포스터, 「기도」(서울: 두란노, 1995), 167-168쪽).

베드로가 바다에 빠지는 상황에서 할 수 있는 기도는 살려달라는 짧은 외침뿐이었다. "주여, 나를 구원하소서!" 이것이 바로 단숨기도다. 급한 만큼 더욱 주님을 의지하면서 집중적이고 밀도 있게 외치며 기도한 것이다. 이런 기도를 우리도 배울 수 있다.

대한항공에서 오래 근무한 방선오 장로가 오스트리아의 수도인 비엔나 지점장 시절에 했던 단숨기도를 간증했다. 루마니아에서 출발하는 70명 단체 관광객을 취리히를 거쳐 대한항공 편으로 한국까지 연계 수송하는 업무를 추진하고 있었다. 그런데 구간 예약을 하는데 루마니아 타롬항공이 갑자기 그 구간을 운항하지 않기로 했다는 메일을 받았다. 출발이 불과 이틀 남았는데 70여 명을 대한항공이 운항하는 구간까지 수송할 방법이 사라진 것이다. 당시 대한항공이 운항하던 다른 도시들의 노선은 만석이라 불가능했고, 유일하게 가능한 노선은 런던이었는데, 루마니아 국민이 영국을 경유하려면 비자가 필요했다. 이틀 만에 비자를 준비해서 경유할 수 있는 방법은 없었다. 눈앞이 캄캄하고 아찔해졌지만 단숨기도가 생각나서 답답하고 안타까운 심정으로 단숨기도를 드렸다. "주님, 도와주세요!"

그러자 어떻게 할지 몰라 난감했지만 다음 순간 생뚱맞게 런던공항의 문자 코드 LON이 생각났다. 런던을 경유하려면 비자를 받아야 하는데, 런던이 왜 떠올랐을까 의아했는데 다시 한번 짧게 단숨기도를 했을 때도 LON이란 단어가 계속 생각났다. 매뉴얼을 찾아보니 루마니아 사람이 영국을 경유할 때는 경유비자가 필요 없는 것으로 나타났다. 분명 그 몇 주 전만 해도 경유비자가 필요했는데 그 사이에 규정이 바뀐 것이었다. 그래서 급히 좌석을 확보해 런던을 경유해서 70명을 무사히 서울로 보낼 수 있었다(방선오, 「일터행전」(서울: 아르카, 2018), 91-92쪽). 우리도 일하면서 어려운 상황에 처할 때 이런 단숨기도를 시도해볼 수 있다. 짧은 말로 표현한 급한 기도를 주님이 들어주실 것이다. 베드로의 손을 잡아주신 주님처럼 우리의 어려운 상황도 해결해주실 것이다.

장담하느라 놓친 기도, 돌이키며 흘리는 회개의 눈물

베드로는 예수님의 제자로 지내면서 기도에 대해 배울 기회가 많았다. 제자 공동체 구성원들 전체가 배운 교훈이 기도했지만 특히 베드로가 직접 기도에 대해서 교훈을 얻은 경우도 여러 차례 있었다. 복음서 중에서 베드로의 구술을 마가가 대필한 것으로 알려진 마가복음이 특히 베드로가 경험한 기도에 관한 교훈을 잘 표현해준다.

먼저 베드로는 예수님을 만난 초기에 자신의 집에 오신 예수님에게 큰 은혜를 입었다. 베드로의 장모가 열병에 걸렸는데 사람들이 예수님에게 간구하자 예수님이 장모의 손을 잡아 일으키시며 치유의 이적을 베풀어주셨다(막 1:29-31). 질병이 있을 때 간구하는 사람들에게 예수님이 허락하시는 치유의 은혜를 베드로는 경험했다. 예수님을 만난 이른 시기에 이미 그런 경험을 했다. 또한 변화산 아래에서 귀신 들린 아이를 고치지 못하던 제자들이 왜 자기들은 귀신을 쫓아내지 못했느냐고 질문했을 때 예수님이 말씀하셨다. "기도 외에 다른 것으로는 이런 종류가 나갈 수 없느니라"(막 9:29). 베드로는 하나님의 능력을 의지하고 기도해야만 귀신을 쫓아낼 수 있음을 배웠다.

그리고 열매 없는 무화과나무를 예수님이 저주하시자 뿌리부터 마른 것을 보고 베드로가 예수님에게 여쭈었다. 그때 예수님은 기도에 관한 중요한 교훈을 말씀해주셨다.

> "하나님을 믿으라. 내가 진실로 너희에게 이르노니 누구든지 이 산더러 들리어 바다에 던져지라 하며 그 말하는 것이 이루어질 줄 믿고 마음에 의심하지 아니하면 그대로 되리라. 그러므로 내가 너희에게 말하노니 무엇이든지 기도하고 구하는 것은 받은 줄로 믿으라. 그리하면 너희에게 그대로 되리라"(막 11:22-24).

기도는 내가 아니라 하나님이 하신다는 사실을 믿는 것이라고 예수님은 분명하게 가르쳐주셨다. 어떤 불가능해 보이는 일이라도 의심하지 않고 믿는 것이 기도하는 사람의 기본자세임을 베드로는 가르침을 통해 배웠다.

그런데 예수님의 십자가 사역을 앞둔 때 베드로는 예수님에게 이미 배운 기도의 교훈을 잘 활용하지 못했다. 예수님은 제자들과 평소에 자주 가시던 감람산으로 가셨다. 가시면서 예수님은 제자들에게 말씀하셨다. "오늘 밤에 너희가 다 나를 버리리라"(마 26:31). 그러자 베드로가 나서서 장담했다. "모두 주를 버릴지라도 나는 결코 버리지 않겠나이다"(마 26:33절). 아마도 베드로의 장담은 그의 마음 깊은 곳에서 우러나오는 진심이었을 것이다. 정말 그렇게 하고 싶었을 것이다. 그 당시엔 그것이 베드로의 충정이고 열정이었다. 할 수 있어 보였지만 결국 베드로는 그렇게 하지 못했다.

베드로가 자신을 너무 믿었기 때문이다. 베드로가 배반할 것이라고 예수님이 예언을 하셨는데도 주님의 말씀을 불신한 것이기도 하다. 더구나 베드로가 했던 장담의 잘못은 비교의식과 우월감에서 나왔다는 것이다. 다른 제자들에게는 주님의 말씀이 적중할지 몰라도 자신은 그들과 다르다고 오만함을 드러냈다. "내게는 주님의 말씀이 필요 없지만 너에게는 필요해." 이렇게 말할 수 있는 사람이 어디에 있겠는가? 심각한 교만이 아닐 수 없다.

이렇게 장담하면서 주님을 버리지 않겠다는 베드로에게 주님은 말씀하셨다. "오늘 밤 닭 울기 전에 네가 세 번 나를 부인하리라"(마 26:34). 그러자 베드로는 장담의 종지부를 찍었다. "내가 주와 함께 죽을지언정 주를 부인하지 않겠나이다"(마 26:35). 이제는 자신의 생명이라도 주님을 위해 바칠 것이며, 결코 예수님을 부인하지 않을 것이라고 장담했다. 이렇게 베드로가 더 이상 나올 것이 없는 완결판 장담을 하고 나니 장담이 돌림병이 되어 버렸다. 다른 모든 제자도 베드로와 같이 장담했다(마 26:35). 제자들에게 유행한 그 돌림병이 여러 세기를 지나 지금 21세기에도 계속되고 있다. 바로 우리가 장담하면서 인생을 살지 않는가? "나는 꼭 합니다. 주님과 함께 하겠습니다. 주님을 결코 부인하지 않겠습니다."

베드로가 이렇게 호언장담하면서 예수님 앞에서 객기를 부렸던 이유가 무엇이었을까? 뭔가 잘해보고 싶었고 인정받고 싶었다. 체면 혹은 책임감 때문이었을 수도 있다. 베드로를 제자들의 대표로 삼으신 예수님에게 보답하기 위해 무한한 책임감을 가진 것이라고 볼 수 있다. 아울러 베드로가 호언장담했던 이유는 기질과 성격 때문이었을 수도 있다. 베드로는 천성적으로 나서기를 좋아하는 사람이었다. 생각보다는 말이 앞서는 베드로의 성격도 큰 작용을 했을 것이다.

그러나 이런 장담으로는 주님의 제자로 살아갈 수 없다. 어떻게 해야 하는가? 예수님이 가르쳐주신다. 장담 대신 기도를 해야 한다. 장담하는 대신 기도하면 하나님의 뜻을 깨닫고 행동할 수 있다. 예수님은 자신이 져야 할 십자가에 대해 장담하지 않으셨고, 대신 기도하셨다. 장담하지 않는 사람이 기도한다. 기도하는 사람은 장담할 필요가 없다. 그것을 자신이 이루는 것이 아니라 능력 많으신 하나님께서 이루시는 것을 알기 때문이다.

예수님은 십자가를 앞에 두고 세 번 기도하셨다. 여덟 제자는 남겨 두고 세 제자만 데려 간 후, 다시 그들과 조금 떨어져서 얼굴을 땅에 대고 혼자 기도하셨다. 이런 내용이었다. "내 아버지여 만일 할 만하시거든 이 잔을 내게서 지나가게 하옵소서. 그러나 나의 원대로 마시옵고 아버지의 원대로 하옵소서"(마 26:39). 여기서 예수님이 말씀하신 '잔'은 인간의 죄를 짊어지고 십자가에서 감당할 하나님의 진노를 가리킨다. 너무나 고통스러운 것이다. 온 인류에게 내리신 하나님의 진노, 모든 인간을 죽음으로 내몰 수밖에 없었던 그 크고 많고 깊은 죄들, 그 모든 것을 혼자 감당해야 한다는 부담으로 예수님이 이런 기도를 하셨다. 주님이 지신 십자가는 하나님의 아들이 하나님과 격리되는 고통이었다. "나의 하나님, 나의 하나님, 어찌하여 나를 버리셨나이까"(마 27:46). 얼마나 처절한 부르짖음이었는가! 그래도 예수님은 하나님의 뜻에 복종하셨다. "나의 원대로 마시옵고 아버지의 원대로 하옵소서"(마 26:39).

처음부터 끝까지 예수님의 기도는 하나님 아버지께 완전히 복종하는 태도로 일관되었다. 그리고 이 기도는 잔이 치워지는 것이 아니라 그 잔을 마실 수 있는 능력을 공급받으면서 응답되었다. 이때 천사가 나타나 힘써 기도하는 예수님에게 힘을 더했다(눅 22:43). 이후 예수님은 "내 아버지여 만일 내가 마시지 않고는 이 잔이 내게서 지나갈 수 없거든 아버지의 원대로 되기를 원하나이다"(마 26:42)라고 두 번째 기도를 하셨다. 역시 기도의 중심 주제는 하나님 아버지의 뜻이었다. 그런데 첫 번째 기도와 달리 십자가의 고통을 수긍하는 쪽으로 기도의 방향이 바뀌었다. 예수님은 두 번째 기도를 하시면서 하나님이 주시는 힘을 얻었기에 이렇게 기도가 달라졌던 것이다. 반복하는 기도는 우리에게 힘을 준다. 하나님이 용기를 주시기 때문이다.

마태는 세 번째 기도를 같은 말씀으로 기도하셨다고 기록하는데(마 26:44), 동일한 말씀으로 기도하셨지만 이 세 번째 기도를 통해 예수님이 더욱더 굳은 결심을 하고 용기를 얻으신 것을 확인할 수 있다. 피곤에 지쳐 잠들어서 어떤 도움도 주지 못하는 제자들에게 단호하게 말씀하셨다. "때가 가까이 왔으니 인자가 죄인의 손에 팔리느니라. 일어나라. 함께 가자. 보라. 나를 파는 자가 가까이 왔느니라"(마 26:45-46).

예수님은 그 순간에 원수들이 다가오고 있음을 알고 도피한 것이 아니라 스스로 그들을 만나러 가셨다. "일어나라. 함께 가자!" 이렇게 기도하면서 예수님은 하나님에게 자발적으로 순종할 힘을 얻으셨다. 그래서 십자가를 통해 우리 인류를 구속하는 사역을 감당하실 수 있었던 것이다. 장담하는 대신 기도할 때 이렇게 예수님이 십자가를 질 수 있는 힘과 용기를 얻을 수 있었다. 하지만 장담하던 제자들은 기도하지 못했다. 제자들은 장담하느라 기도하지 못하고 잠들어버렸다. 주님이 그들에게 말씀하셨다. "너희가 나와 함께 한 시간도 이렇게 깨어 있을 수 없더냐. 시험에 들지 않게 깨어 기도하라"(마 26:40-41).

베드로와 제자들이 장담하는 대신 깨어 기도해야 했듯이 우리도 지금 깨어 기도해야만 한다. 주님이 오늘도 고민하신다. 슬퍼하신다. 악한 세상을 보고 슬퍼하신다. 주님이 재림하실 날이 가까워 세상의 끝이 다가오고 있는 것을 알기에 고민하실 것이다. 이 세상을 변화시키고 하나님의 나라를 이루는 사명이 오늘 우리에게 있기 때문에 우리에게 기도하라고 강조하신다.

제자들이 해이해진 감정과 피로로 인해 잠들어버린 모습을 보고 예수님은 특별히 베드로를 불러 권면하며 깨어 계속 기도하라고 분부하셨다. 예수님은 말씀하신다. "마음에는 원이로되 육신이 약하도다"(마 26:41). 우리가 자주 농담으로 인용하는 이 말씀의 뼈아픈 교훈을 우리는 잘 새겨야 한다. 우리는 본성적인 나태함에서 깨어나야 한다. 우리는 무엇보다 주님을 따르길 방해하는 무서운 적들이 우리 안에 있다는 사실을 깨닫고 방심하지 말아야 한다. 이런 나약함과 나태함, 그리고 교활한 인간의 본성은 우리 안에 잠재해 있으면서 우리가 방심할 때 급속도로 죄악으로 몰고 가기 때문이다.

우리는 사탄의 유혹과 도전에 대해서도 깨어 있어야 한다. 사탄은 아담과 하와에게 그랬던 것처럼 간교한 방법으로 우리를 유혹하려 하고, 때론 가장 무서운 방법으로 우리를 삼키려고 한다(벧전 5:8). 그러므로 만일 우리가 깨어 있지 않는다면 우리는 사탄의 가장 좋은 먹이가 되고 말 것이다. 그래서 주님은 기도할 것을 명령하셨다. 기도는 사탄의 유혹을 무력화시킬 수 있는 유일한 무기이기 때문이다. 사탄은 영적 존재이고, 능력이 많은 존재이기에 우리의 힘으로는 이겨낼 수 없다. 그러니 우리는 기도해야 한다.

베드로가 겟세마네 동산에서 선잠이 깬 후에 예수님을 보호하려고 허둥댔다. 앞뒤 재지 못하고 공권력을 행사하러 온 사람들을 향해 칼을 휘둘러 대제사장의 종인 말고의 귀를 자르기도 했다. 그리고 다른 제자들처럼 도망가지 않고 대제사장의 집 뜰까지 따라 들어갔다. 심문받는 예수님을 몰래 뒤따랐다. 그래서 결국 예수님을 부인하게 되었다. 베드로가 전에도 실수를 많이 했지만 이번 실수는 그가 지금까지 저지른 모든 것을 다 합한 것보다 더 큰 치명적인 실수였다. '주님과 나 사이'를 부인했다. 예수라는 사람을 모른다고 했다. 한 번만 그런 것도 아니고 세 번이나 부인하고, 심지어 저주했다(막 14:71).

가만히 생각해보면 베드로가 예수님을 부인하고 저주한 일은 가룟 유다가 예수님을 배반한 일과 달라 보이지 않는다. 종교개혁자 장 칼뱅은 유다나 베드로나 주님을 부인하고 타락한 것은 다를 것이 없다고 주석했다. 그런데 둘의 차이는 무엇인가? 유다는 영원히 예수님을 판 배반자로, 베드로는 주님의 수제자로 인정받게 된 차이가 무엇일까? 베드로는 돌이켜 기도하며 회개했고, 유다는 그렇지 못했다는 점이다. 물론 베드로가 회개한 것이 베드로가 가진 능력 때문이었다고 생각하면 오해이다. 베드로 자신에게는 그런 능력이 없었다.

거친 항아리 같은 사랑을 가진 베드로에게는 아주 큰 주님의 사랑이 나타나고 있다는 것이 유다와 다른 점이었다. 베드로가 치명적인 타락의 나락으로 떨어졌을 때 닭이 울었다. 그리고 주님이 그 순간 돌이켜 베드로를 바라보셨다(눅 22:61). 몸을 돌려 베드로를 쳐다보신 우리 주님의 눈빛을 상상해보라. 주님 자신도 이미 겟세마네 동산에서 온 기운을 다 쏟으면서 기도하셨다. 땀이 땅에 떨어지는 핏방울같이 되었다고 한다(눅 22:44). 사람이 극단적으로 힘을 쓰면 피가 모세혈관을 통해 피부 바깥으로 나온다고 한다. 그렇게 이미 기력을 소진하셨다. 그리고 잡혀가서 밤새 이리저리 끌려 다니며 심문을 받으셨고, 이제 닭이 울었으니 새벽이었다. 그때까지 심문과 고문을 당하셨다. 끝에 뼈 조각이나 납덩이가 여러 개 달린 채찍으로 맨몸을 맞아 살점이 떨어져 나가고 피를 흘리셨다. 전날 온종일 일하시고 밤을 꼬박 새워 괴로운 일을 당하셔서 이미 초주검의 상태였다. 이렇게 예수님은 기운이 없어서 그날 아침 자신이 지고 갈 십자가 형틀을

형장까지 끝까지 지고 가지 못하실 정도였다.

그만큼 피곤하고 지친 상황에서도 베드로를 보아주시던 우리 주님의 그 눈길! 아마도 베드로를 사랑하는 눈빛으로, 또 한편으로는 서글픔과 안타까움을 가득 담아 쳐다보셨을 것이다. 베드로가 주님의 그 눈빛을 바라보고는 더 이상 참지 못했다. 뛰쳐나가 통곡했다. 베드로의 눈에서 흘려 내렸을 눈물 속에는 얼마나 많은 성분이 들어 있었을까?

"주님, 제가 주님을 사랑한다고 하는데 늘 이렇습니다. 지금까지 계속 넘어지고 자빠졌는데 오늘 또 쓰러졌습니다. 이번은 주님이 가시는 길, 마지막인줄 알고 굳게굳게 결심하고 애써봤지만 또 이렇습니다. 어쩌면 좋을까요, 주님! 이제 끝인가 봅니다. 저는 어쩌면 좋습니까?"

베드로가 울다 울다 못 다 울어서 평생 눈물이 글썽글썽해서 다녔다는 전설이 전해온다. 또 새벽에 닭이 울면 베드로가 놀라 일어나서 울며 회개했다는 전승도 잘 알려져 있다. 이렇게 주님의 눈빛을 보고 회개의 눈물을 흘린 베드로가 결국 회복될 수 있었다.

기도를 통해 새로운 시대의 문과
사역의 돌파구를 열다

　　　　　예수님의 제자로 좌충우돌하며 힘들게 기도를 배워가던 베드로는 예수님이 부활하고 승천하신 후에 더욱 성숙한 기도를 배웠다. 사도행전과 베드로의 서신 속에서 베드로와 관련된 기도에 대해서 여러 부분을 확인할 수 있다. 특히 베드로가 기도하면서 새로운 시대가 열리고 사역의 문이 열리는 과정을 볼 수 있다. 주님의 제자 베드로는 이렇게 기도하며 일하는 사역자가 되어갔다. 기도하며 예수님이 주신 사명을 다하는 멋진 사명자가 되어갔다.

　예수님이 승천하면서 제자들에게 약속하신 것을 보내주실 때까지 예루살렘에 머무르라고 당부하셨다. 그 말씀을 따라 제자들은 기다렸다(눅 24:49). 예수님이 승천하신 후에 제자들과 여러 사람들이 마가의 다락방에서 했던 기도를 확인할 수 있다.

> "들어가 그들이 유하는 다락방으로 올라가니 베드로, 요한, 야고보, 안드레와 빌립, 도마와 바돌로매, 마태와 및 알패오의 아들 야고보, 셀롯인 시몬, 야고보의 아들 유다가 다 거기 있어 여자들과 예수의 어머니 마리아와 예수의 아우들과 더불어 마음을 같이하여 오로지 기도에 힘

쓰더라"(행 1:13-14).

그 기도 모임에는 남자와 여자가 함께 있었다. 예수님을 믿은 지 오래된 신자인 제자와 여자들이 있었고, "예수의 아우들"과 같은 새로운 신자들(요 7:5)이 함께 있었다. 한때 로마 정부를 위해 일하며 '매국노' 소리를 들었던 마태와 같은 세리 출신이 있었는가 하면, 로마제국을 물리치기 위해 게릴라전을 펼쳤던 열심당원 출신의 시몬도 있었다.

이렇게 다양한 제자들이 예수님의 말씀을 따라 한곳에 모여 마음을 다해 기도할 때 놀라운 하나님의 역사가 일어났다. 약속하신 대로 기도하던 사람들이 성령의 충만함을 받았다. 그들은 담대히 복음을 전했고, 기사와 표적을 행했으며, 물건을 통용하고 온 백성에게 칭송을 받았다. 구원받는 사람들이 날마다 더하게 되었다(행 2장). 이후 사도행전을 통해 우리는 기도로 복음 전파의 놀라운 역사가 전개되는 과정을 베드로와 제자들의 경험으로 확인할 수 있다.

베드로와 요한이 제9시 기도시간에 성전으로 가다가 나면서부터 걸어보지 못한 지체장애인을 만났다. 베드로가 그 사람에게 은과 금은 없지만 "나사렛 예수 그리스도의 이름으로 일어나 걸으라"고 하며 손을 잡아 일으키자 그 장애인이 뛰어 서서 걸으며 하나님을 찬송했다(행 3:1-10). 성령의 충만함을 받은 베드로가 기도하러 성전으로 올라가던 길에 예수님의 이름으로 이룬 치유의 이적이 놀랍다. 이후에도 베드로와 사도들의 손을 통해 일어난 치유의 이적은 대단해서 사람들이 베드로의 그림자라도 누구에게 덮일까 바랄 정도였고, 수많은 병자들이 나음을 얻었다(행 5:15-16).

또한 베드로는 제자의 수가 많아져서 헬라파 유대인의 과부들이 구제에 누락되는 일로 어려움이 생겼을 때도 복음사역의 본질을 제대로 지키면서 돌파해나간다. 말씀을 제쳐놓고 구제하는 일을 다하다가 생긴 문제이니 일곱 집사를 선출해서 그 일을 맡기고, 사도들은 기도하는 일과 말씀사역에 힘쓸 것을 천명했다. 믿음과 성령이 충만한 일곱 집사를 뽑은 후 사도들은 기도하고 그들에게 안수해서 사역을 효과적으로 나누며 기도와 말씀사역의 중요성을 놓치지 않았다. 이 일로 제자의 수가 더 많아졌고, 교회는 더욱 부흥했다(행 6:1-7).

룻다에서도 애니아라는 중풍병자를 고친 베드로는 가까운 욥바에서 죽은 여제자 다비다를 살렸다. 봉사를 많이 하던 다비다의 시신을 앞에 두고 무릎을 꿇고 기도한 베드로가 "다비다야 일어나라"고 외치자 그 여인이 살아났다(행 9:32-43). 기도하던 베드로에게 임한 성령의 충만한 능력이 죽은 사람을 살리기까지 했다고 사도행전은 강조하고 있다.

교회에 큰 박해가 있어서 사도 외에 제자들이 유대와 사마리아로 흩어졌을 때도 베드로는 기도로 사역의 방향을 잡고 복음 사역을 계속해나갔다. 사마리아에서 말씀을 받은 제자들을 위해 교회가 베드로와 요한을 보냈을 때 그들은 사마리아 제자들이 성령받기를 기도했고, 한 사람에게도 성령을 내리신 일이 없던 그들에게 성령이 임하셨다(행 8:15-17). 오순절에 예루살렘에서 마음을 같이하여 기도에 힘쓸 때 성령이 임하신 것처럼 사마리아 사람들에게도 기도하여 성령이 임하시는 것을 보았다. 예수님의 말씀대로 성령이 임하시면 권능을 받아 예루살렘과 유대와 사마리아와 결국 땅끝까지 가서 증인이 되어야 하는 것을 베드로는 그의 눈으로 확인했다.

뒷날 예루살렘 회의에서 이방인들이 복음을 받을 때 할례를 받아야 한다는 논란이 있었을 때 베드로는 확신 있게 자신의 경험으로 말했다. "형제들아 너희도 알거니와 하나님이 이방인들로 내 입에서 복음의 말씀을 들어 믿게 하시려고 오래 전부터 너희 가운데서 나를 택하시고 또 마음을 아시는 하나님이 우리에게와 같이 그들에게도 성령을 주어 증언하시고 믿음으로 그들의 마음을 깨끗이 하사 그들이나 우리나 차별하지 아니하셨느니라"(행 15:7-9). 이런 확신은 사마리아 제자들에게 임하신 성령 강림과 더불어 중요한 한 사건에 대한 경험 때문이기도 했다.

기도할 때 복음의 문이 열리고 새로운 시대가 열렸다. 베드로는 이 사실을 기도하면서 깨달았다. 이방인이었지만 하나님을 경외하고 구제와 기도에 힘쓰던 사람이 있었다(행 10:1-2). 가이사랴에 주둔하던 로마군의 백부장이었던 그의 이름은 고넬료였다. 그가 어느 날 기도하던 시간에 환상을 통해 하나님의 말씀을 들었다(행 10:3-6). 사람들을 욥바로 보내 베드로를 초청하라는 말씀이었다.

또한 하나님은 기도를 통해 베드로를 준비해두고 계셨다. 고넬료가 보낸 사람들이 베드로가 머물던 욥바 성에 가까이 왔을 무렵, 베드로가 기도하려고 지붕에 올라갔다. 그때 베드로는 하늘이 열리고 큰 보자기 같은 그릇이 내려오며 각종 네 발 가진 짐승과 곤충과 새들이 있는 것을 보았고, 그것을 잡아먹으라는 음성을 들었다. 그럴 수 없다고 했지만 다시 음성이 있었고, 세 번을 반복하고는 그릇이 하늘로 올라갔다(행 10:9-16). 그 환상의 뜻을 생각할 때 고넬료가 보낸 사람들이 베드로가 머물던 집의 문을 두드렸다.

고넬료와 베드로가 각자 정해서 갖는 기도시간(9시와 6시 기도시간)을 주님이 연결하셨다. 그래서 결국 이방인들에게도 귀한 복음의 문을 열리게 하는 역사적인 사건이 일어났다. 결국 고넬료와 그 집안사람들이 회심했고, 성령이 그 이방인들에게도 임하셨다(행 10:24-48). 이 사건을 예루살렘교회에서 베드로가 보고하면서 결국 복음이 이방인들을 향해 퍼져나가는 새로운 시대적인 이정표가 마련되었다. 이후 스데반의 죽음으로 촉발된

환난으로 인해 흩어진 자들이 안디옥에서 헬라인에게도 복음을 전하며 이방인 신자들이 많아졌고, 안디옥교회가 설립되었다. 예루살렘교회는 바나바를 안디옥교회의 지도자로 파송했고, 바울이 합류하면서 이방인들을 향한 복음전파의 전초기지가 마련되었던 것이다(행 11장).

고넬료의 회심사건은 복음이 전파되는 역사에 있어서 중요한 의미가 있는 사건이었다. 그 사건이 진행되는 과정이 바로 기도였다. 기도가 통로의 역할을 했다. 기도는 새로운 시대를 여는 문이었다. 베드로가 식사를 준비하는 틈새 시간에도 기도하던 때 하나님이 베드로의 기도를 고넬료의 기도와 연결하여 새로운 시대의 문을 열어주셨다.

베드로는 예수님의 제자가 되어 좌충우돌하며 사명자가 되어갔다. 물에 빠져 죽을 뻔했을 때 단숨기도로 주님의 은혜를 입었다. 겟세마네 동산에서 기도하시던 예수님과 달리 장담하느라 예수님을 부인했던 베드로는 드디어 성령의 충만을 받아 새롭게 태어났다. 하나님의 능력을 의지하며 기도로 사역하던 베드로는 복음사역의 새로운 문을 열며 헌신적인 사역자의 길을 걸었다. 그가 박해를 당하는 성도들에게 보낸 서신서를 보면 기도에 대한 중요한 교훈이 매우 인상적이다. 베드로가 평생 배운 기도의 교훈이 압축되어 있다. "만물의 마지막이 가까이 왔으니 그러므로 너희는 정신을 차리고 근신하여 기도하라"(벧전 4:7).

마지막 때에 우리가 할 일은 바로 기도이다. 염려거리가 많아도 기도해야 한다. 베드로가 말한다.

> "너희 염려를 다 주께 맡기라. 이는 그가 너희를 돌보심이라. 근신하라. 깨어라. 너희 대적 마귀가 우는 사자같이 두루 다니며 삼킬 자를 찾나니 너희는 믿음을 굳건하게 하여 그를 대적하라. 이는 세상에 있는 너희 형제들도 동일한 고난을 당하는 줄을 앎이라"(벧전 5:7-9).

고난을 앞둔 시대에 성도들의 바람직한 무장에 대해 강조하는 베드로의 권면이 오늘 우리에게도 적합하다. 말세를 살아가면서 사탄에게 제대로 대적하기 위해 우리는 기도하며 주님의 은혜를 구해야 한다. 그러면 우리도 베드로처럼 기도의 사명자가 되어 세상과 일터에 하나님의 나라를 세워나갈 수 있다.

| **에필로그** | 두 손을 모아 기도하고 두 손을 펴서 일하라

2세기 무렵에 활동한 그리스의 철학자였던 아리스티데스(Aristides)는 현존하는 가장 오래된 기독교 변증서(Apology)를 썼다. 이 변증서는 로마 황제 하드리아누스를 위해 쓴 변증서인데(주후 130년 경), 당시 그리스도인들의 기도생활에 대한 내용을 담고 있다.

> "왕이시여, 이제 그리스도인들은 하나님의 백성으로서 하나님이 어떤 것을 주셔야 그들에게 합당한 것인지, 그리고 그들은 어떤 것을 받아야 합당한 것인지를 구하고 있습니다. 그렇게 함으로써 그들은 그들의 삶의 과정들을 이루어 나갑니다. 그리고 그들은 자신들에 대한 하나님의 선하심을 인정하기 때문에, 보십시오. 그들로 인해

세상에 아름다움이 흘러넘치고 있습니다"(샌디 밀러, "하나
님의 목적을 발견하는 것에 대하여"에서 재인용. 리처드 포스터, 「믿음으
로 사는 지혜」(서울: 서로사랑, 2003), 105쪽).

이미 2세기에 선배 크리스천들은 하나님의 백성으로서 어떤 기도를 해야 하는지 알고 있었다. 또한 그들의 기도생활로 인해 세상이 변하고 아름다워지는 놀라운 역사를 세상이 고백하고 있다. "그들로 인해 세상에 아름다움이 넘치고 있습니다." 얼마나 가슴 벅차게 하는 고백인가? 아리스티데스는 구체적으로 그리스도인들의 삶에 대해 기록하고 있다.

"그들은 그들을 압제하는 자들의 마음을 풀어주고, 친구로 만듭니다. 그들은 원수들을 선대하며 서로를 사랑하고, 과부들을 무시하지 않고, 고아를 가혹하게 다루는 자로부터 구해냅니다. 가진 자는 가지지 않은 자에게 나누어주면서 조금도 뻐기지 않습니다. 낯선 사람을 보면, 그들은 그를 자신의 집으로 불러들여서 마치 형제처럼 그를 환대합니다. 그들은 서로를 육신에 따른 형제가 아니라 하나님 안에서 및 성령을 따라 형제라고 부릅니다. 그들의 가난한 자들 중 한 사람이 세상을 떠날 때마다, 그들 각자는 능력에 따라 그에게 신경을 쓰며 세심하게 그의

장사(葬事)를 돌봅니다"(Aristides, The Apology of Aristides, 15. N. T. 라이트, 「신약성서와 하나님의 백성」(파주: CH북스, 2014), 602쪽에서 재인용).

하나님에게 기도하는 그리스도인이라면 우리도 세상에서 일하는 사람이 되어야 한다. 영국 무어랜드칼리지에서 리더십훈련 담당 디렉터로 일하는 이안 코피(Ian Coffey) 목사가 그의 책에서 느헤미야나 다니엘과 같이 일터에서 자신의 영적 은사를 활용한 사람들을 소개하고 있다. 그중 기도의 은사를 가진 유능한 벽돌공 톰을 언급하고 있다.

학교를 졸업한 뒤 줄곧 건축현장에서 일하는 톰은 견습기간이 끝난 후 얼마 되지 않아 그리스도인이 되었다. 톰은 자기의 신앙을 일터에서도 숨기지 않았고, 잠비아 단기선교팀에 합류해서 그 나라에 학교를 지어주기도 했다. 톰은 특별히 기도의 은사를 가지고 있었는데 함께 일하는 사람들을 위해 정기적이고 구체적으로 기도하고 있었다. 물론 상대방에게 굳이 알릴 필요가 없다고 믿기에 일터의 동료들은 잘 모르고 있지만 톰은 동료들의 필요를 위해 기도하는 것이 자신의 사명이라 생각하고 있다.

몇몇 동료에게는 신앙에 관해서 이야기한 적도 있다. 가족을 세상에서 떠나보내거나 결혼관계가 깨지거나 갑자기 입원을 할 경우 그들에게 다가가 "당신을 위해 기도할게요"라고 하면서 위로의 말을 건넨다. 물론 간혹 조롱하거나 냉소적인 동료들도 있지만 둘만 있을 때 가만히 다가와서 아픈 자녀나 연로한 부모를 위해 기도해달라고 부탁하는 동료들도 있다(이안 코피, 「하나님은 월요일에 무슨 일을 하실까?」(서울: 새물결플러스, 2011), 240-241쪽). 하나님이 주신 기도의 은사를 교회에서만 활용하는 것이 아니라 일터에서도 활용해야 한다고 생각하는 벽돌공 톰은 우리시대의 다니엘이고 느헤미야가 아닌가?

어디선가 기도와 일에 대한 이런 멋진 문장을 보았다. 누가 한 말인지 끝내 확인하지 못했지만 「기도하고 일하라」라는 이 책의 내용을 한 문장으로 잘 표현해준다. 기도가 일이고, 일이 곧 기도이다. 우리는 일하면서 기도해야 하고, 기도하면서 일해야 한다.

"기도란 두 손을 모아서 일하는 것이고, 일하는 것이란
두 손을 펴서 하는 기도이다."